U0835767

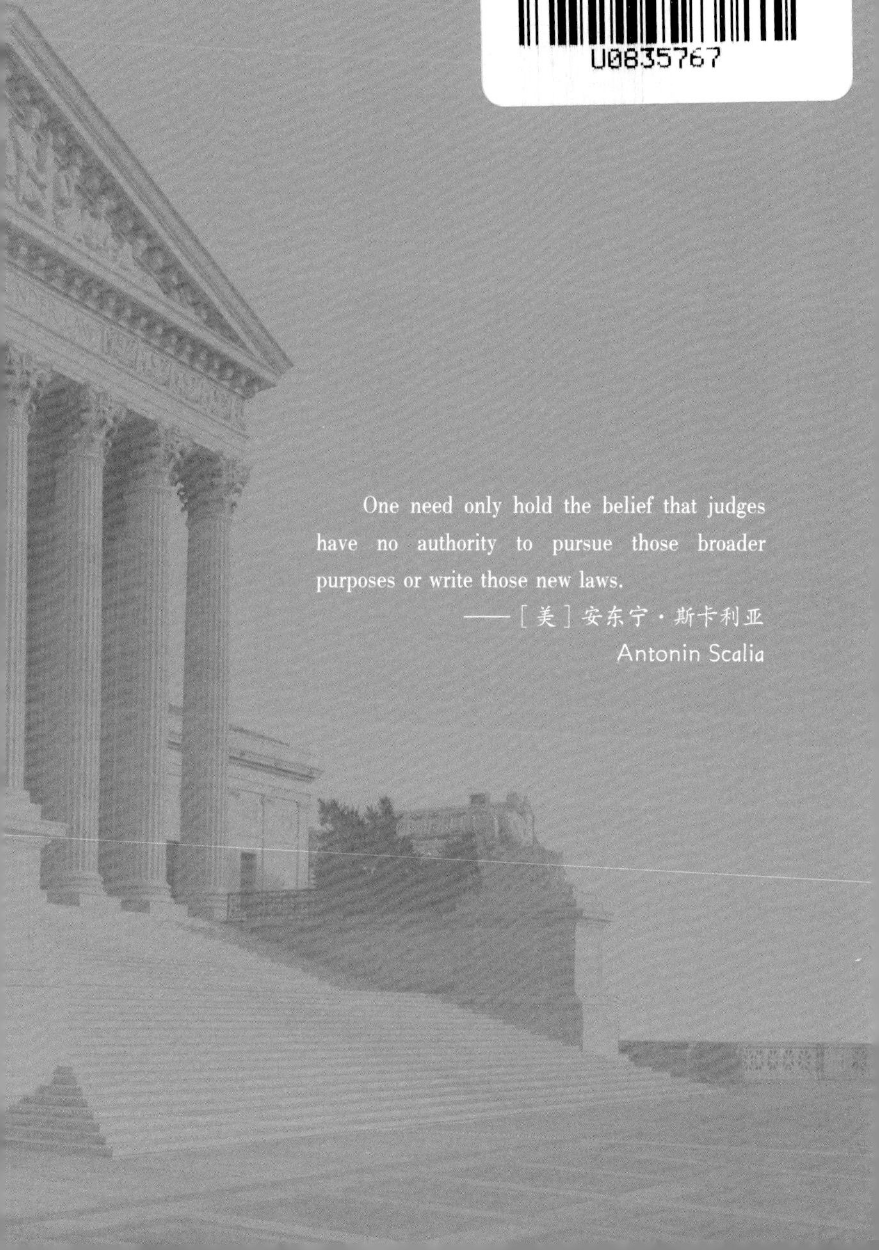

One need only hold the belief that judges have no authority to pursue those broader purposes or write those new laws.

——［美］安东宁·斯卡利亚

Antonin Scalia

A Matter of Interpretation

Federal Courts and the Law

Antonin Scalia

作 者

安东宁·斯卡利亚

（Antonin Scalia，1936-2016）

美国法学家，曾任美国联邦最高法院大法官，1986年由里根总统任命，是美国联邦最高法院保守主义阵营中的中坚人物，也是美国联邦最高法院服务时间最长和最资深的大法官。之前曾任职于哥伦比亚特区美国联邦上诉法院，并执教于弗吉尼亚大学和芝加哥大学，毕业于乔治城大学，获哈佛大学法学硕士学位。2016年2月13日去世。

译 者

蒋惠岭 最高人民法院高级法官、最高人民法院中国应用法学研究所所长。

黄　斌 最高人民法院中国应用法学研究所副研究员。

校 者

张泰苏 耶鲁大学法学院副教授。

联邦法院如何解释法律

为您呈现美国最顶尖法学家们的精彩交锋

[美] 安东宁·斯卡利亚◎著　罗纳德·德沃金 等◎评
蒋惠岭　黄 斌◎译　张泰苏◎校

中国法制出版社
CHINA LEGAL PUBLISHING HOUSE

中文导读

2010年9月，美国法学界最引人注目的事情恐怕就是安东宁·斯卡利亚大法官与理查德·波斯纳法官的论战，其重要性与激烈程度即使在“法学泛滥”的美国也属少见。论战双方都是美国保守派法学的核心人物，却因为在宪法解读上的根本分歧而针锋相对，以至于那些向来对波斯纳颇有戒心的自由主义法学家们也纷纷对他大加赞扬，一致将矛头指向斯卡利亚与人合著的新书：《解释法律文本》（Reading Law：Interpreting Legal Texts）。与这些批评者的初衷不符的是，对该书的口诛笔伐反而将“斯卡利亚法学”再次推入到公众视野当中，而且是在这个民众政治热情空前高涨的选举年。

安东宁·格里高利·斯卡利亚，自1986年起任美国联邦最高法院大法官，2016年2月13日去世。在美国法律学界，他恐怕是全美保守主义法学最具影响力的标志性人物，是二十世纪八九十年代保守派“司法反攻”的棋手之一。与其他保守派大法官不同，斯卡利亚自上任伊始就提出一整套逻辑清晰、特征鲜明的宪法解读理论，并反复在实际判词中明确加以应用。由于该理论远比一般最高法院判决中的司法推理更系统与抽象，得出的种种具体结论又比以往的保守主义法学更为彻底与绝对，因此立即引发了学术界与政界的极大兴趣。至今，斯卡利亚仍是法学著作中最常被讨论的现任大法官，自由主义者尤其视他为眼中钉。此外，他颇具攻击性、机警但又不乏黑色幽默的个性也使他成为大法官当中的公众舆论焦点。

斯卡利亚的法学体系往往被称为“原旨主义”（originalism），而他自己虽然接受这个称呼，但在对法条的解释上，却更偏向于“文本主义”（textualism）一词。简单地说，斯卡利亚认为法条，无论普通立法还是宪法，都应该按照**立法者**所理解的**字面含义**解读。只有这样，才能避免解读者将自己的政治倾向或道德取舍掺杂其中，也才能保持法官的中立性与客观性。法官不可以立法或修改法律，因此需要用严格的字面含义限制他们对法条的合理解读范围。而只有当我们把“字面含义”更狭义地定义为“立法者所理解的字面含义”时，这一规则才足够清晰与客观。

出于以上考虑，斯卡利亚旗帜鲜明地反对自由主义法学家们的“活宪法”（living constitution）或“双宪法”（dualism）理论，认为这些理论都含有极大的主观性与模糊性，无法阻止法官按自己的个人意愿解读法条。在立法机构对法条作出明确修正之前，法条的含义应该是固定的，不受社会舆论或思潮的影响，也不受“民意”——法官所理解的“民意”——左右。这样才有法治，而非法官之治。同理，法官绝对不应该分析所谓的“立法史”（legislative history），并试图从中挖掘出“立法者的本意”（legislative intent）。不同的立法者往往有不同的意愿，故很难将其统合成一种“本意”。同时，立法史所涉及的材料极为庞大，又驳杂不清，也不适合为精力有限的法官所用。更何况，不论立法者们的**意愿**有多大分歧，一旦经过长期讨论，他们所处的**语境**起码是一致的。通过这种语境去还原文本的字面含义，才是客观、准确的解释逻辑。也就是说，法官应该关心的不是立法者们想写什么，而是他们最终写了些什么。

这种理论的衍生结论就是，美国宪法其实是一部保守的宪法，对个人权利的保护颇为苛刻，赋予联邦政府的权限也很有限。毕竟，在立法者所生活的时代，绝大多数人，不论民众还是政客，对“言论自由”“平等”“贸易”等概念的理解和现代人都有出入，都更为狭窄，按今天的标准，也远为“保守”。当代自由主义者所理解的“言论自由权”“隐私权”“性别或性取向平等权”乃至联邦政府的“贸易权”，在宪法法条颁布的年代都是闻所未闻的，遑论立法保护。在斯卡利亚的眼中，“二战”之后，由于自由主义者的躁动，最高法院的宪法解读无疑太“与时俱进”，为了满足法官们的左倾政治意愿，而忘记了法条的本意。

这种观点不可避免地引发了无数论战。在学术界占据多数的自由主义者们当然群起而攻之，从各种角度论述：这种僵死的宪法解读理论不但不符合宪法著者的原意，也必将导致公民社会与政府机能的大幅衰退。虽然身为最高法院的大法官，斯卡利亚却向来不肯无视这些指责，反而总是一一加以辩驳。为此，他先后出版过两本理论专著。首先是蒋惠岭法官、黄斌博士翻译的这本《联邦法院如何解释法律》(A Matter of Interpretation)。该书 1997 年出版，源于斯卡利亚在普林斯顿大学的一次演讲，也收录了当时在场的四位学者的回应，分别是劳伦斯·却伯、罗纳德·德沃金、玛丽·安·格兰顿以及戈登·伍德。其中，却伯与德沃金都是自由主义色彩极为浓厚的知名学者，分别基于宪法史与法哲学向斯卡利亚发起责难，也引来了斯卡利亚的强烈反击。这场辩论被整理成书之后，在之后的十几年间都称得上是法律与法学界研究斯卡利亚的首要文献。

有了该书的前例，当斯卡利亚于2011年透露他很快又会有新书出版时，许多人自然而然地认为，新一轮的左右论战高潮即将到来。而当《解释法律文本》于2012年暑期出版之后，论战也确实如期而至，只是论战双方的身份有些令人惊讶。波斯纳对斯卡利亚的猛烈抨击让人们意识到，保守主义者内部也有很深的矛盾，尤其是在“原旨主义”与波斯纳所代表的法律经济学之间。波斯纳认为，斯卡利亚的理论体系难以自圆其说，因为它既反对法官参考一切非文本的因素，但同时又不得不依赖所谓的“时代语境”来解读法条中的核心词句，而“时代语境”本身就是一个极为模糊的概念，可以轻而易举地被扭曲。因此，斯卡利亚的体系并不比其他宪法理论更客观，甚至还远不如法律经济学的思维方法严谨、清晰。

相比于自由主义者的一贯攻击，波斯纳的突然发难显然令斯卡利亚更难以接受。他指责波斯纳完全曲解了他的本意，甚至称得上是在“撒谎”。与此同时，双方的激烈交锋将美国的诸多保守主义法官与学者放在了一个颇为尴尬的位置。面对自由主义学者们颇有些幸灾乐祸的评论大潮，他们纷纷选择了沉默不语，以免将“阵营内部”的分歧继续激化。但无论如何，斯卡利亚—波斯纳之争已完全走入主流媒体的视野，成为社会关注的热点之一，相应地，也在影响着更多法律工作者的思维方法与倾向。

不论斯卡利亚体系是否真的像波斯纳或却伯所说的那样漏洞百出，它对美国司法界的影响是毋庸置疑的。最明显的一点是，在斯卡利亚的任期内，最高法院判词中对“立法史”的讨论大幅降低，而对“原旨”“语境”等概念的讨论大幅上升。这意味着，在法律解释方法层面，斯卡利亚已经对他的同事们产生了相当可观的影响。而在具体判决层面，美国联邦最高法院自二十世纪九十年代以来也的确有明显的右倾趋势——虽然对于斯卡利亚本人来说，这种趋势还远远不够。也正是这种大趋势，才促使自由主义者们——甚至是波斯纳这种较为温和的保守派——更加急迫地抨击斯卡利亚，试图将美国宪法扳回到二十世纪六七十年代——乃至八十年代——所处的轨迹，重新成为公民权利与福利社会的捍卫者。这场论战的结果如何，对于美国未来数十年的宪法演变有着至关重要的推动作用。

因此，斯卡利亚大法官等人的著作能够在国内出版，无疑会有效地帮助国内法律界了解美国宪法演变的核心脉络与焦点，实为一件美事。

张泰苏
二〇一七年一月
于耶鲁大学法学院

序　言

法治对于宪政民主来讲，是不可或缺的。不过它牵涉法官应如何解释法律的问题既复杂，又颇具争议，斯卡利亚大法官的演讲以及德沃金、格兰顿、却伯、伍德对其尊重却富有挑战的评论即是明证。这些卓越的法律思想共同提出了我们时代最重要的一个法律问题：法官应如何解释宪法和法律才能使法律之治与宪政民主理念相契合？

法官的目标就是去推断立法者的意图吗？表面看来，这似乎是一个民主的目标，即领会对大多数人负责的立法者的意图。盛行的观点认为，司法解释应受立法意图的指引，但斯卡利亚大法官对此提出了有力的批评。一个法律的，而非人的统治意味着，立法者未表达的意图不能对公民产生约束力。法律的含义是它们实际表达出来的内容，而非立法者的意图。这就是斯卡利亚大法官要详细阐述的法律哲学的真谛。这种法律哲学被称为文义解释或原旨主义，因为正应当是——运用于当下的情境中的——文本的原始含义来指导法院解释宪法和法律。

法律就是法律语词要表达的含义这一观点显然太简单了。大部分词汇都有多重含义。将法律表述为法律语词所要表达的含义，可能会使得大多数法律的含义模糊不清、难以理解。正如斯卡利亚大法官所做的那样，明确法律含义就需要在解释显然模糊的法律的过程中对那些站不住脚的评论给予有力的回应。斯卡利亚大法官批评文义解释的两种替代做法都是站不住脚的法律解释方法（或者说不能解释法律）：一种是按照主观意图做出司法判决；另一种是对一部“活的”或“不断演进的”宪法进行司法创造。不过，他不仅仅是在批评，他也阐述并论证了他的文义解释哲学的优点。

斯卡利亚大法官阐述道，文义解释并非呆板、缺乏想象力或者枯燥无味，尤其不会令人厌烦。文义解释不是严格解释，尽管（他说）严格解释会好于非文义解释。“语词具有限定的含义范围，任何解释都不能超过可允许的范围。”斯卡利亚的回应者接下了他提出的挑战，来说明下述常识性的观点可能存在哪些错误：比如司法解释应受文本而非外在于文本的意图或观念的指导，应受文本的原始含义而非随时代不断演进的含义的指导。

斯卡利亚大法官的评论人提出的问题可分为两类：文本模糊不清时法官通过文义解释来做什么？更为重要的是：在文本自身缺乏明确指引的情况下，为什么法官不应通过援引道德原则和其他非文本的帮助来解释法律？

斯卡利亚在演讲中预料到了这两类挑战，也在“回应”中对它们作了解答。法官首先必须尽力阐明法律的原始含义；其次是那些原始含义在新的情境下的实际含义。在大多数情况下，法官都能成功地这么做。“原旨主义”有助于具体说明“文义解释”，甚至能帮助法官在语词模糊不清时也能对文本作出明确的解释。“关于原始含义的内容，总是存在很多争议之处，而关于原始含义如何适用于具体案件中，争议甚至更多”，斯卡利亚大法官写道，“但是原旨主义者至少知道他在寻找什么：文本的原始含义。通常（甚至，我敢说是经常）文本的原始含义是明确的。有时（虽然不是通常）文本的原始含义会存在分歧；有时在原始含义如何适用于新颖案件中会存在分歧。”

不过，本书中描述的在解释法律方面的意见差异远不止解决原始含义的模糊性或者在原始含义如何运用于新颖案件中存在的不确定性。伍德、却伯、格兰顿和德沃金教授对斯卡利亚大法官在文义解释的立场上提出的其他主张也提出了异议。他们质疑斯卡利亚大法官所理解的文义解释是否是最站得住脚或者是与民主价值最契合的法律哲学。对于按照主观立法意图或者法官偏好的道德哲学进行法律解释，斯卡利亚大法官提出了批评意见，所有评论人都同意这一意见。不过，他们提出了其他具有说服力的民主性替代方案，包括一些截然不同的文义解释主张。纵然其中有不甚明确之处，但这些方案值得深思。他们论证道，这些方案并不存在斯卡利亚大法官所批评的解释方法那样致命的缺陷。

和斯卡利亚大法官一样，伍德教授担心法官造法和民主之间的紧张关系。他认为法官应是法律解释者，而非法律制定者。不过，擅长美国史的伍德教授也担心斯卡利亚大法官低估了法官造法在美国民主制度中的重要程度，尽管颇具争议。托马斯·杰斐逊曾致力于（尽管未能成功）终止“异想天开、反复无常、心术不正之人偏执古怪的冲动”并使法官变成“一台纯粹的机器”。不过，并非所有，或者说甚至大部分国父们都不认同杰斐逊的目标。司法机构的设计也没有遵循杰斐逊的意愿。在伍德教授看来：“法院成为独立自主的机构，与主权人民的关系使得它们看起来在创制法律方面有着与立法机构几乎相等的权威。这一转型的意义是深远的。”如果伍德教授对美国历史的解释是正确的，那么模糊立法和司法之间的界限对于独立后的美国来说就可能是一项规则，而非例外。

却伯教授主张对一种文义解释进行辩护，这一辩护有助于解释为什么这种模糊可能是必要的。他怀疑的是，仅仅按照斯卡利亚大法官提供的方法来解释文本，在许多案件中，法官、历史学家或者任何其他人都找不到充分的法律依据来支持判决。然而却伯教授也想防止法官在宪法解释的伪装下将个人的偏好或价值合法化。为了防止法官侵犯民主权威，他提出了一种与斯卡利亚大法官颇为不同的主张。“必须认识到”，却伯教授说道，“（宪法解释）任务的艰巨性；防止以各种借口将宪法解释变成一个消极的发现过程而非建构的过程；应将这些借口替换为直截了当的理由，尽管可能是不完整的和未有定论的理由，而这些理由解释了为什么一个人在考虑作为整体的宪法及其解释的历史的情况下，认为他对文本做出的解释是值得采纳的。”

却伯教授因此通过下面的质疑开始挑战斯卡利亚，他怀疑“有颠扑不破的最终‘规则’的存在。洞察力和远见，有；规则，没有”。法官依然知道如何不去解释法律，但是他们“必须在宪法自身之外寻求”指导，正如所有那些被宪法授权解释宪法，并有义务遵循其条款的人一样。“宪法文本是基础，必须被确定为最终的出发点”，以及“任何与文本不相容的事物都不能合理地认为是宪法的组成部分”。然而，“文本本身肯定没有宣称宪法文本是唯一的或最终的参照系——即使有，这样一个自我参照的主张也会产生不断追溯的问题，而且会遗漏我们最初的那个问题：怎样查明文本的含义？”

格兰顿教授关注的是一个被忽视的问题，这个问题是由斯卡利亚大法官在批评将普通法的习惯延伸到成文法和宪法性法律的过程中提出来的：普通法习惯的优点，适用于普通法的领域。“我们在解释方面的许多弊病源于普通法习惯在制定法世界的延续，”格兰顿教授写道，“但应该这样说，即使这些习惯不能够很好地适应成文法解释和宪法解释，它们仍然是好的习惯。因此，引起人们关注的原因是，它们看似正在恶化。”先例原则通过适用先例的方式，为公民提供稳定的预期。格兰顿教授写道，相比“参加每一个案件，为手头的案件提供公正合理的解决方案，谨遵文本和传统作出判决，公正地展示其推理过程，并能够在未来案件中为当事人提供指导意见”的最高法院，其他情况会糟糕得多。作为对比，格兰顿教授请我们思考这样一个问题，法院“审理案件时常是这样的情形：它并不像是说理充分、庭审有序、正确适用法律的产物，而更像是多数法官投票表决的产物。有时，法院看起来简直就是以非理性的、不可预测的方式蹒跚而行，就像旧版小说《弗兰肯斯泰因》（*Frankenstein*）中的怪物”。格兰顿生动地论证道，和遵循先例的普通法模式的法院相比，这种法院会让我们更为害怕。

德沃金教授提出了一个不同于斯卡利亚大法官的原旨主义的主张。德沃金教授的观点与斯卡利亚大法官的区别在于，“从宪法条款的原始含义而言，宪法条款的核心内容只规定了抽象原则，而非具体的或陈旧的规则。如果这种说法成立，那么这些得出最新判决的抽象原则在具体个案中的适用，就必须不断地受到审查。审查的目的不是取代宪法所规定的内容，而是为了尊重宪法所规定的内容”。德沃金教授论证道，这种解释方法对于文本和原则来说都是正确的。“为什么？”他问道，“‘国父们’不认为把具体权利与抽象权利糅在一起可以最好地保护他们在序言中列举的（明显抽象的）目标？”为什么我们不应认为明智的政治家会意识到，他们的观点并非是这个主题上的定论？德沃金教授还提出，“言论自由权不存在普遍的定论，因此国父们无法以这些定论为基础制定一项过时的条款”。针对1798年《惩治煽动叛乱法》（*Sedition Act of 1798*）激烈争论的时候，“没有人会认为第一修正案把某些时兴的理解或定论纳入了规定，而各种理解之间的巨大差异表明并不存在定论”。

本书作者的分歧可能没有《惩治煽动叛乱法》的作者及其批判者之间的分歧那么深，但是在法官应怎样解释宪法和法律这个问题上，他们肯定没有确定的答案。当然，这些分歧还是要交由每位读者来判断，不过，斯卡利亚大法官针对他的评论人作出的令人尊重且生动的回应，无疑会促进我们对不同法律解释方法特点的理解，并增强我们对所有美国人命运的认识。

本书源于普林斯顿大学人类价值研究中心（University Center for Human Values at Princeton University）邀请斯卡利亚大法官做的坦纳演讲（Tanner Lectures），并邀请德沃金、格兰顿、却伯和伍德四位教授进行评论。我们非常感谢坦纳信托公司对坦纳系列演讲的慷慨支持，感谢人类价值研究中心每年举办的系列演讲。我们尤其要感谢格莱斯·亚当斯·坦纳（Grace Adams Tanner）女士及后来的奥伯特·克拉克·坦纳（Obert Clark Tanner）先生对坦纳系列演讲的赞助，以及劳伦斯·S. 洛克菲勒（Lourance S. Rockefeller）先生对人类价值研究中心的赞助。作为人类价值研究中心系列出版物的组成部分，该书从挑战传统思维方式的角度传达了我们共同的贡献，因此有助于我们更为深入地反思人类的重大问题。

普林斯顿大学人类价值研究中心
劳伦斯·S. 洛克菲勒大学教授
埃米·古特曼*

---

* 埃米·古特曼（Amy Gutmann），普林斯顿大学政治系主任，劳伦斯·洛克菲勒（Laurance S. Rockefeller）政治学讲座教授，著有《民主的教育》（Democratic Education）《民主与分歧》（Democracy and Disagreement）［与丹尼斯·汤普森（Dennis Thompson）合著］，以及《肤色意识：种族的政治道德》（Color Conscious：The Political Morality of Race）［与安东尼·阿皮亚（K. Anthony Appiah）合著］。毕业于哈佛拉德克利夫学院，获伦敦经济学院理学硕士学位，并获哈佛大学博士学位。

目　录

A Matter of Interpretation: Federal Courts and the Law
by Antonin Scalia

联邦法院
在解释宪法和法律
中的作用

Common-law Courts in a Civil-Law System: The Role of United States Federal Courts in Interpreting the Constitution and Laws

安东宁 · 斯卡利亚
Antonin Scalia

本文目的在于阐明法律文本解释这门科学目前被人忽略的状态，并提出一些改进建议。本文并非只为法律人而作，也是为所有具有执着法律情怀且热爱思考的美国人而作。

普通法

法学院学生在入学的第一年，思想上就会受到巨大的冲击。许多学生都会谈论这一现象。他们经历了一次心智上的重生，习得了一种全新的认知与思维模式。因此，即使他们此时对法律还所知不多，但就像俗话所说的那样，能“像法律人一样思考”(think like a lawyer)。

法学院第一学年所教的绝大多数的课程，同时毫无疑问也是最具影响力的课程，讲授的是普通法的内容与方法论的课程，比如侵权法、合同法、财产法、刑法等。美国法律人是从普通法入门的。为了理解其究竟有何效力，你就必须知道，除了法官将其视为“普通”以外，普通法实际上并不普通。也就是说，它不是“习惯法”或者惯例汇编，而是由法官创造形成的法律。或许在盎格鲁—撒克逊法的早期，法官仅仅是社会惯例的解释者。当然，即使在普通法完全成熟的时期，某一广为接受的商业或社会惯例也可能构成法院判决的基础。不过，除了因遵循先例使先前的司法判决成为“习惯”之外，早在记录英国十三世纪末到十六世纪初司法判决的年鉴中，习惯和普通法已然不再等量齐观了。起诉至法院的案件多是惯例无法解决的专业性问题。

作为法学入门读物的霍姆斯（Holmes）不朽名作《普通法》[1] 对日耳曼和英国早期的习惯稍有涉猎，不过书中主要论述的是一个个司法判决以及撰写判决的法官们。他们或名垂青史，或默默无闻：柯克首席大法官、多德尔里奇大法官、霍尔特勋爵、雷德菲尔德首席大法官、罗尔首席大法官、汉克福德大法官、帕克男爵、埃伦伯勒勋爵、佩里曼大法官、布雷特大法官、科伯本首席大法官、波帕姆首席大法官、海德首席大法官等。霍姆斯的著作推崇实践理性以及运用这种能力创造英美法的法官们。

---

〔1〕 Oliver Wendell Holmes, Jr., *The Common Law* (1881).

这就是普通法的图景，有志成为法律人的人第一次就会见到它，即使他之前本该读却没读霍姆斯的著作。学习法律的方法不是阅读公布的法条，也不是阅读概其要义的论文，而是学习那些创造法律的判决理由。这就是哈佛法学院在十九世纪首倡的著名的案例教学法。案例教学法通 4
过《爱情故事》（*Love Story*）和《力争上游》（*The Paper Chase*）中令人敬畏的金斯菲尔德教授这一角色被搬上了银幕和电视。学生们需要阅读一系列案例，这些案例收录在“案例汇编”中，用来说明法律是如何发展的。例如，在合同领域经常讨论的经典案例是“哈德利诉巴克森德尔案”（*Hadley v. Baxendale*）〔2〕。该案判决是一个半世纪以前由英国财务法庭（English Court of Exchequer）作出的：位于格洛斯特的一座磨房因为转轴破裂而停工，为了制作一个新转轴，必须将旧转轴作为模型送往位于格林威治的磨房蒸汽机制造商那里。磨房主派了一名工人到运输公司去了解运输时间；该工人告诉运输商的伙计，磨房停工了，转轴必须立即送去。那名伙计回答道，如果中午收到转轴，第二天就可以送到。磨房主在第二天中午以前将转轴交给

〔2〕 9 Ex. 341, 156 Eng. Rep. 145 (1854).

了承运人并支付了运费。但是，由于承运人的过失，转轴在数天以后才送到，结果导致磨房数天无法正常运转。磨房主诉称，这数天的利润损失应作为违反运输合同的赔偿金。当然赔偿金是承运人运费的数倍。承运人则辩称，他对此类间接的（remote）后果不承担责任。

现在这成了一个相当微妙，值得推敲的法律问题。如同诉讼中所涉及的大多数法律争议一样，并不存在一个法院可以作为普通法、习惯法直接适用的一般惯例。法院最后判决承运人胜诉，并制定了非常重要的规则，即在违约之诉中，并非所有因违反合同而遭受的损失都能获得补偿，而仅仅补偿那些“当事人双方在订约时可以合理预期的部分”。支持该结果的论据包含一些政策性的理由以及英国法
5 院的一些早期案例，但完全没有引用制定法，尽管辩护律师提请法院注意《法国民法典》的规定。这是因为英国法当时并没有相关的成文规定，合同法几乎完全是英国法官创制的结果。

这里我得插句话，即便依据新规则（只能补偿可合理预见的损失）也应该是磨房主而非承运人胜诉。法院的判决忽略了一个事实，即承运人被告知磨房停业了。对承运人的伙计来说，应保证磨房尽快重新开业，否则磨房闲置

则会亏损之事是显而易见的。不过，如果你认为本案结果出错是件了不得的大事，那你就误解了普通法。从大局来看，正义的当事人能否胜诉是其次的。经典案件之所以经典，不是因为它们的结果正确，而是因为案件确立的法律规则是明智的。普通法法院履行两种职能：第一是适用规则。所有裁判者（临场裁判员、仲裁者，甚至是棒球裁判和足球裁判）都履行此职能。不过，第二种职能，同时也是更为重要的职能，则是创制法律。

如果你正在旁听金斯菲尔德教授讲授“哈德利诉巴克森德尔案”，你会发现，课堂讨论不会仅仅停留于观点的描述和分析司法意见。执拗的老教授会提出许多“假设”，以此检验“可预见性”规则的有效性。比如，假设你是一名铁匠，一位年轻骑士的马掉了一块马掌。他告诉你他正在返回祖辈庄园黑地的路上，他必须在当天晚上到达以主张继承权，否则黑地会落入邪恶的表兄诺丁汉郡治安官之手。为了得到三法寻的报酬，你答应为他的马装上一块新的马掌。也许这块马掌有缺陷，或者是装的时候出了问题，
以致马跛足而行，骑士抵达黑地时为时已晚。你要对他未 6
能继承的全部数额负责吗？那种程度的责任对于一件只值三法寻的工作是合理的吗？假如双方当事人事先即已认为铁匠

应负担如此巨大的责任，他们难道不会确定更高的工钱吗？换言之，在可预见性之外，难道不存在针对损害的限制性原则吗？甚至，尽管这不是它所正式提出的判决依据，那种限制性原则（姑且称其为推定的风险负担）难道不能解释为什么“哈德利诉巴克森德尔案”的判决是正确的吗？

所有的这些真是富有思维上的乐趣！它解释了为什么法学院一年级新生的入学会令人振奋：因为其间学生要扮演普通法法官，反过来也要扮演国王的角色，根据他们自己的聪明才智来设计治理人类的法律。多么令人兴奋！难怪那么多沉醉于此的法科生会立志终生成为法官！

除了思考并设计“最好的”法律规则以外，法学院第一年传授的另一技能对于成为一个好的普通法法官也是必要的。这就是案例“识别”（distinguishing）技术。这是一项必要的技术，因为创制普通法的一个必不可少的先决条件是遵循先例原则，即一个案件的判决将成为下一个案件所遵循的原则。很显然，假如没有这项原则，普通法法院无法创制任何“法律”，它们只能解决所面临的特定纠纷。这要求将来的法院坚持适用司法判决中所确定的原则。（大陆法系不存在此类要求，具有权威性的是法律条文，而不是任何司法判决中的解释。人们关注先前的司法判决是因为它们有一定说服力，正如学术评论也有说服力，但是，它们不具有约束力。）

在先例具有约束力的普通法国家，律师或者法官正确
识别手头的案件适用何种先例形成的原则至关重要。因此， 7
“识别”早期案例的技术也是非常必要的。它是一种技术或策略而非科学，因为早期案件的“判理”（holding）内容并无定式，而是视情境而定。从最广义上而言，案件的判理是判决结果的理论依据。例如，在“哈德利诉巴克森德尔案”中，违反合同所负担的损失必须可以预见。不过从最狭义上说（如果法院希望规避早期的案例，他们会尽量眯紧双眼的），案件的判理不能超出法院所接触到的事实。例如，假设我和一位油漆匠订立合同将我的房子漆成绿色，而他却漆成了令人恐怖的深褐色。假设不是我，而是我的邻居起诉油漆匠违反了合同，法院会驳回此案，理由是（按照法律术语）这里不存在“合同相对关系”（privity of contract）：合同当事人是油漆匠和我，而非油漆匠和我的邻居。〔3〕不过，假设在另一个案件中，我和一家

〔3〕 *See. e. g.*, Monahan v. Town of Methuen, 558 N. E. 2d 951, 957 (Mass. 1990).

公司签订合同维修我的家庭电脑。由于该公司工作失误，结果丢失了我妻子存储在电脑中的重要文件。她起诉电脑维修公司。现在，先前案件的广义原则（无“合同相对关系”则无诉讼）也会导致裁定驳回此案。不过，优秀的普通法律师会对此提出异议，而一些优秀的普通法法官也已经对此作出判决，那项原则并不适用于这种新情况，因为该公司违反与家庭用品有关的合同这一行为伤害了合同当事人的家庭成员，尽管没有伤害他本人。〔4〕换言之，这个先前的案例就这样被“识别”而区别开了。

很显然，由于遵循先例的原则（受我刚才描述的原则的限制），普通法以一种独特的方式发展，非常像拼字游戏板（scrabble）。以前的判决中确立的规则是无法取消的，
8 不过，可以对此加以限定。第一个案件在板上写下了“违反合同义务，对于非合同当事人的权益不负责任”；第二个案件补充道：“除非受到损害的诉讼当事人是家庭成员。”游戏就这样继续下去。

如我所述，通过司法判例以及对早期案例的识别制定法律的制度，是每位美国新入门的法科生和每位美国新入

〔4〕 *See. e. g.*, Grodstein v. McGivern, 154 A. 794 (Pa. 1931).

行的法律人首先要面对的。这种印象令人终生难忘。他们印象中的伟大法官［霍姆斯、卡多佐（Cardozo）］是这样一些男性（或女性），他们颇具慧眼地识别出适用于手头案件的最佳规则，并突破先前案例的成规，能自由地运用以下规则：识别一个先前的案件，排斥另一个先前的案件，再迅速地摆脱又一个阻碍他前行的先例，直到他（很好地）实现了目标——合适的法律。曾经的法学院学生自己成为法官之后会继续珍藏对伟大法官的这种印象，普通法传统也因此得以延续。

民主式立法

假如没有近几个世纪以来政府民主化的发展趋势，上述一切都会成为一件残次品。在大多数国家，法官不再是国王的代言人，因为国王已不复存在。在英国，我认为法官在某种意义上可以被看作立法机构的代言人，因为理论上的英国最高法院是上议院*。这也曾经是美国殖民地的制度。马萨诸塞州立法机构至今仍然被敬称为马萨诸塞普

* 2009 年 10 月 1 日英国最高法院正式成立。——译者注

通法院。不过，马萨诸塞最高司法机构被称为最高司法法院，因为在我们的联邦国家成立时，这个国家信奉的是分权的政府原则。[5] 这个原则在《联邦党人文集》（*The*
9 *Federalist*）第 47 篇中被赞誉为联邦宪法提案的基石。我们可以仔细考虑一下麦迪逊在该文中的观点与法官造法这种古代制度是否契合。麦迪逊（赞赏地）引用了孟德斯鸠的如下表述："如果司法和立法权结合在一起，那么个人的生命和自由将会受制于独裁者，因为法官会成为立法者。"[6] 我并不认为麦迪逊是在说普通法造法违反了分权原则。在他所处的年代，人们对普通法的主要印象是，它是一种既存的、在全国范围统一（而非因州而异）的规则，法官仅仅是"发现"而非创造它。只是到了本世纪*，随着法律现实主义的兴起，我们才承认法官实际上在"创制"普通法，而且每个州各不相同。

---

〔5〕 *See* Plaut v. Spendthrift Farms, Inc., 115 S. Ct. 1447, 1453 – 56 (1995).

〔6〕 *The Federalist*, No. 47, at 326 (James Madison) (Jacob E. Cooke ed., 1961) (emphasis in original). The reference is to Montesquieu, 1 *The Spiritof the Laws* 152 (Thomas Negent trans., Hafner Pub. Co., N. Y. 1949).

* 二十世纪，下同。——译者注

不过，我的态度是，一旦我们对普通法法院的所作所为采取了这种现实主义的看法，普通法立法即法官造法和民主之间（如果不是与分权的技术原则之间的话）令人不安的关系就是显而易见的。确实，甚至在法律现实主义盛行之前，这种关系就已经在许多方面有所体现了。这是十九世纪法典编纂运动的主要动因之一。它主要和大卫·达德利·菲尔德（David Dudley Field）的名字联系在一起，不过也得到了其他热心改革者的支持，罗伯特·兰道尔（Robert Rantoul）就是其中的一位。1836 年的国庆日，他在马萨诸塞州锡楚埃特发表了演讲：

> 法官造法是一种溯及既往的法律，因此是不公正的。制定法不禁止的行为却可能因司法解释而变得无效。立法机构对此无能为力，因为宪法禁止这样做。《权利法案》规定司法机关不应篡夺立法权，然而它不仅篡夺，而且肆无忌惮地超越了立法权的范围。 10
>
> 法官造法是一项特殊的立法活动。法官是人，他会因特定案件的表象而产生偏见。如果他要以不同方式处理下一个案件，他只需要在识别基础上创制新的

> 法律。立法机关的立法活动必须基于普遍的观点，并且针对全部案件。[7]

这只是一个开端。在观察到普通法“被称为人类理性的精华”之后，兰道尔继续说道：

> 正如酒精是糖的精华一样，普通法是人类理性的精华。普通法深奥的精神是经过双重提炼的理性，直至将有益健康的营养物变成致命毒药。理性对于头脑简单的知识分子来说是令人惬意的；不过这种对理性的高尚曲解令受害者不知所措，将其引入了错误的迷宫。法官通过从先例中强行得出其根本不包含的东西来造法，他扩张了判例，而这一判例自身又是从其他判例扩张来的，直到通过这一调和原则，一个不受立法者权威影响的法律体系得以建立。[8]

十九世纪由兰道尔和菲尔德支持的法典编纂运动遭到律

---

〔7〕 Robert Rantoul, Oration at Scituate (July 4, 1836), *in* Kermit L. Hall et al., *American Legal History* 317, 317 – 18 (1991).

〔8〕 前引，第318页。

师的普遍反对，因此并没有取得实质性的成果，调整民事案件审理程序的民事诉讼法是仅有的例外。[9]（顺便提一下，时常令我好奇的是，律师和法官放弃法官造法的唯一领域 11
恰好是只对诉讼参与人、律师和法官有重要性的领域。民事诉讼法曾是法学院第一学年中仅有的成文法课程。）今天，一般来讲，传统的私法领域——合同法、侵权法、财产法、信托和不动产法、家庭法——仍然牢牢地受控于州普通法法院。[10]事实上，在这些领域，法官造法或许比从前更加无所拘束，因为遵循先例的原则已受到了一定的破坏。甚至最聪明的头脑都没法识别的先例在今天皆可以被简单地否决。

我并不是说普通法应该像附着在民主船体上的藤壶那样被移除。我乐于让普通法和发展普通法的过程各就其位。

---

〔9〕 1848 年，我国第一部重要法典《民事诉讼法》也称为菲尔德法典［以大卫·菲尔德（David Dudley Field）的名字命名，他在制定该法的过程中发挥了主要作用］在纽约获得批准。到 19 世纪末，类似的法典在许多州获得批准。*See* Lawrence M. Friedman, *A History of American Law* 340 – 47（1973）.

〔10〕 这种规定的主要例外是由《统一法典》组成的，法律实际上是由所有或大部分的州立法机构以同样的方式制定的，以便在普通法的某些领域实现全国范围的统一。*See*，*e. g*，Uniform Commerical Code，1 U. L. A. 5（1989）；Uniform Marriage and Divorce Act 9A U. L. A. 156（1987）；Uniform Consumer Credit Code，7A U. L. A. 17（1985）.

普通法在许多领域被证明是发展法律的一个好方法——或许是最好的方法。一种主张认为，法官（麦迪逊准确地将他们描述为天生的贵族）〔11〕所造就的大量私法的发展是对大众民主的合理限制。纽约的杰姆斯·C. 卡特（菲尔德法典编纂计划的激烈反对者之一）在十九世纪后期更为精准地阐述了此观点，“问题是，法律的发展和改革应受到人民根据他们对于这一工作的特定资格而挑选的人的指导”
12 （例如法官）还是“应该转移到一个人数众多的、因其性质而并不适宜执行最高立法职能的立法机构手中？”〔12〕

尽管我无意质疑普通法及其产生过程，但我确实存在疑问：普通法法官的态度（他们习惯性地问：“本案最合理的解决办法是什么？如何排除达到那种目的所面临的障碍？”）是否适合我所从事的大部分工作以及州法官的许多工作。我们生活在一个属于立法的时代，大多数新的法律都是制定法。正如一位法律史学者所说，现代“政府和法

---

〔11〕“［司法机构的成员］的任命方式，以及其性质和终身任职，都使得他们去除了人民的先入之见。” *The Federalist* 第 49 篇，第 341 页（Jacob E. Cooke ed.，1961）.

〔12〕 James C. Carter, *The Proposed Codification of Our Common Law* 87 (New York: Evening Post Printing Office 1884).

律的主要事务是立法和行政……甚至所谓的私法也变成了制定法。实际上调整国家的规范和规则的主要部分都来自于国会和立法机构……无数行政部门的规则本身就是一种重要的，甚至是关键的法律渊源”。〔13〕这尤其体现在联邦法院当中，能够称得上普通法的东西已经微乎其微了。联邦法官解决的每个法律问题都要解释文本——规章、法律或者是宪法文本。让我把宪法暂时搁在一边，因为许多人相信，宪法授权法官逐渐发展一种保障言论自由、隐私权等内容的普通法。我认为那是错误的——确实（正如我将在下面所讨论的），它破坏了成文宪法的总体目标。不过，我们现在不必停下来争论这个问题，因为不管怎样，法官在工作中对宪法进行解释所占的比例相当小。（甚至在最高法院，我估计我们碰到的问题只有不到 1/5 属于宪法性问题——如果排除刑事案件的话或许会不到1/20。）到目前为
止，我和所有联邦法官最主要的工作是解释联邦法律和联 13
邦部门规章的含义。因此，制定法解释问题本身就值得法官和律师当作主要的工作加以研究和关注。不能把这项事业仅仅当成是法官创造普通法方面的一个补充。当然，以

〔13〕 Friedman，前引注 9，第 50 页。

普通法法官那种“修理工”的思维方式着手这项事业肯定是一剂治疗篡权行为的良方。

法律解释学

关于美国法中法律解释学的现状，在一篇关于诉讼程序的著名文章中有如下精确描述：

> 不要期望任何人的法律解释理论（不论是你本人的还是其他人的）能够准确地说明法院实际上是如何适用法律的。问题的困难在于，美国的法院不存在能让人看懂的、可普遍接受并且一以贯之的制定法解释理论。〔14〕

这真是一种令人悲观的评论：我们美国法官的大部分法律适用活动，竟拿不出能让人看懂的理论。

然而，更让人悲观的是，对于我们不存在一套易于理

---

〔14〕 Henry M. Hart, Jr. & Albert M. Sacks, *The Legal Process* 1169 (William N. Eskridge, Jr. & Philip P. Frickey eds., 1994).

解的理论这个事实，美国律师和美国法律教育界普遍都漠
不关心。尽管法学界致力于使普通法理性化（设计合同、
侵权等领域的最佳规则），但在是否存在好的或坏的法律解
释规则方面似乎又无定论。很少有法学院开设这门课程，
当然也就不存在此类必修课。通过阅读恰巧包含成文规则 14
的主要部门法（比如证券法、自然资源法和劳工法）中的
案例（好的和坏的），法律解释学（如果它是一门学科的
话）才被点点滴滴地拼集起来。

据我的了解，只有一部论述法律解释的著作主张以一种全面系统的方式对待这个问题（作为对比，仅在合同法的主要领域中就有大概六部专著进行系统论述）。那部著作是萨瑟兰（Sutherland）的《制定法和制定法解释》（*Statutes and Statutory Construction*），该书初版于 1891 年，后经多次修订，现已编撰为 8 卷。正如书本身的内容所表明的，法律书籍主要不是适用于教学或者咨询，而是作为诉讼律师和专家证人的研究工具：它解释——并给予你作如此解释的案例——为什么法律应该解释成你的当事人所想要的那样。尽管法律解释受到了很多重视，但它仍是我们很少论及的领域之一——比我们 50 年以前还要少，比 100 年前更少。除了萨瑟兰之外，最近的此类论文是克劳福德（Craw-

ford）教授的一卷本著作《制定法的解释》（*The Construction of Statutes*），出版于半个多世纪以前（1940 年）。对照十九世纪最后大约 25 年中可以查到的著作，除了萨瑟兰 1891 年的论文原稿之外，还包括亨利·坎贝尔·布莱克（Henry Campbell Black）（《布莱克法律辞典》的作者）于 1896 年出版的《法律的结构与解释手册》（*Handbook on the Construction and Interpretation of the Laws*），G. A. 埃德利希（G. A. Endlich）于 1888 年出版的《对成文法解释的评论》（*A Commentary on the Interpretation of Statutes*），彼得·马克斯威尔（Peter Maxwell）先生写于 1875 年的关于此问题的英国论文的美国版，乔尔·普伦蒂斯（Joel Prentiss）写于 1882 年的《成文法及其解释评论》（*Commentaries on the Written Laws and Their Interpretation*），塞奇威克（Sedgwick）于 1874 年发表的《成文法与宪法的解释和结构规则文集》（*A Treatise on the Rules Which Govern the Interpretation and Construction of Statutory and Constitutional Law*）第 2 版，以及波特（Platt Potter）于 1871 年发表的《德沃里斯论成文法》（*Dwarris on Statutes*）[这是由普拉特·波特出版的福图内特斯·德沃里
15 斯（Fortunatus Dwarris）的著名英国著作的美国版]。

“立法者的本意”

制定法的解释是一个如此广泛的问题，以致此处不可能全面地探讨其内容。不过，如果仅仅是说明目前存在的众多混乱，有些方面还是值得探讨的。我们可以从最基础的问题着手。美国关于制定法解释方面的法律是如此不成熟，以至于不但它的解释方法不明确，甚至连它的目标也是如此。例如，我们可以思考一个基础性的问题：当我们解释制定法时，我们在探寻什么？

在联邦最高法院和其他法院的司法意见中，我经常看到的表述是，“法官解释制定法的目的是揭示‘立法机关的意图’”。这种原则在某种形式上可以追溯到布莱克斯通。[15]不幸的是，它与一些被普遍接受的（少数）制定法解释的具体规则并不一致。其中的一项规则是，当制定文本的含义清晰时，问题就得以解决。为什么我们探求的目标是立法机关的意图而非其所表述的内容呢？在选择制定

---

〔15〕 *See* William Blackstone, *Commentaries on the Laws of England* 59 - 62, 91 (photo. reprint 1979) (1765).

法用语方面，立法机构或许会词不达意。为什么不用立法时的辩论来澄清呢？或者，为什么不允许法院接受立法解释，也就是由参众两院多数派签名的宣誓书面证词，作为日后了解立法者真正意图表达含义的合适的参考资料呢？

另一项被广泛接受的解释规则是，新近制定的法律中假如存在模糊性，对它们的解释就不仅要保持法律内部的一致，而且要与以前的法律保持一致。为了探求法律的“本意”，我们简单地假设立法机构了解所有其他的法律。这当然是一
16 种虚构，而且如果我们真想发现立法机构的主观意图，我们更可能是通过单独关注新法律的文本（和立法史）发现它的。

尽管经常存在相反的观点，证据表明我们并不能真正寻找到主观的立法意图。我们寻找的是一种被“客观化”的意图，即一个理性人通篇考虑法律文本与法典（corpus juris）的其他部分后而从该法律文本中推断出的意图。正如毕晓普（Bishop）的经典文章中所做的准确表述：“解释制定法的所有规则的目标是探寻立法意图；或者，确切地说，是在被允许的范围内理解立法者的本意。”[16]我认为，

---

[16] Joel Prentiss Bishop, *Commentaries on the Written Laws and Their Interpretation* 57 – 58 (Boston: Little, Brown, & Co. 1882) (emphasis adoled) (citation omittde).

我们采用这种客观化的意图的原因是，由立法者的本意而非立法机构公布的法律决定立法意图这一做法，完全与民主制的政府不相容，甚至与公正的政府不相容。在我看来，这种做法比尼禄皇帝的诡计还要糟糕：将法规高高地张贴在柱子上，以至于它们不能被轻易阅读到。通过法律意图的内容而非法律表述的内容决定法律的含义同样是暴政。是法律而非立法者的意图在控制社会。在我看来，这就是马萨诸塞宪法所表述的著名美国理念的核心：法律的统治而非人的统治。人的意图可以随心所欲，但能够约束我们的只有他们制定的法律。

不过，如果人们接受司法解释的目标是判断立法机关的意图这一原则，那么受真实的，未表达的立法意图而非法律的约束就仅仅是理论上的威胁。实践中的威胁是，在追求未表达出的立法意图的幌子之下甚至是自我欺骗之下，普通法法官实际上将追求他们自己的目标和期望，将他们 17
创制法律的倾向从普通法延伸到制定法领域。如果你被告知，不要依据立法机构所说的内容，而是依据他们的意图来进行判决，并且确信二者没有必然的联系，那么你领悟立法意图的最好方式就是问自己：一个明智的人会如何思考；而这肯定会使你得出结论，法律的含义就是你认为的法律应当具有的含义，而这正是法官依据普通法进行裁判的办法。正如哈佛法学院院长兰迪斯（一位探求立法意图的信徒）在 1930 年的文章中所表述的：

> 最严重的罪行是以立法意图为名犯下的。法官很不愿意承认他们实际作为立法者的角色，此类承认来自于他们在普通法而非成文法中不情愿的表述。在这些情况下纵容关于立法意图的讨论，仿佛立法机关赋予了特定字词以特殊含义，而这一意图很明显就是法官的意图，等同于那些让人联想到巫医的返祖实践。〔17〕

圣三一教堂案

为了具体地说明我所警示的危险，我可以描述一个我认为是假定的“立法意图”（一个唾手可得的“司法意图”的伪装）胜过法律文本的典型案例。它是美国联邦最高法院于 1892 年审理的“圣三一教堂诉美国案”（*Church of the*

〔17〕 Jame M. Landis, *A Note on "Statutory Interpretation"*, 43 Harv. L. Rev. 886, 891 (1930).

Holy Trinity v. United States)[18]。位于纽约市的圣三一教堂与一个英国人签约由他担任教区长和牧师。美国政府主张，18 这项协议违反了联邦法。因为联邦法规定任何人“通过……在外国人正式进入或移民美国之前……所签订的在美国从事任何的劳动或服务……的合同或协议，以任何方式帮助或鼓励任何外国人进入或移居美国”都是违法的。纽约南区巡回法院裁定认为，根据制定法规定教堂应被处以罚款。最高法院撤销了此案。其主要理由如下：

> 必须承认，教堂的行为是符合本条款的字面规定的，因为教区长与教堂的关系是一种服务关系，这意味着一方付出劳动，另一方支付报酬。[制定法中]不仅使用了劳动和服务这种一般性表述，而且添加了“任何种类”的表述，以防止任何限定解释并强调一种宽泛的含义；[制定法]第5款进一步作出了具体的例外规定，其中包括职业演员、艺术家、讲师、歌唱家和家庭服务人员。这一规定强化了以下观念，即第1款的规定覆盖所有其他的劳动和服务。尽管这一推

〔18〕 143 U. S. 457 (1892).

> 理十分有力，我们不能认为国会意图指责并惩罚类似本案中的合同协议。这是一条耳熟能详的规则，即某种行为符合法律的字面规定但并不意味着就符合法律的实际规定，因为它不符合法律的精神，因此某种行为也就不符合法律制定者的意图。[19]

因此，联邦最高法院通过立法史（在那个年月相当不寻常）等各种法律文本外的资料得出结论：该法仅仅适用于体力劳动。这使得演员、艺术家、讲师和歌唱家的行为不适用联邦法调整这一例外变得完全难以理解。联邦最高法院接着将其观点的最后 7 页转向细述我们成为一个有宗
19 教信仰的国家的由来。正因如此，联邦最高法院阐述道：“上面提及的推理是不能被接受的。”[20]其结论是：

> 立法机构试图禁止一项罪恶行为，却同时使用了宽泛的语言以覆盖该罪恶行为的各个方面。不过这种宽泛的语言同时也覆盖了一些我国的整个历史和生活

〔19〕 *Id.* at 458 – 59.

〔20〕 *Id.* at 472.

认为不能以立法反对的行为。在这种情形下，法院有义务来说明，不论法律的用语多么宽泛，某种行为尽管符合法律字面的规定，但如果不符合立法机构的意图，则该行为仍然不属于该制定法范围之内。[21]

当然，我认为该行为符合制定法的字面规定，因此应受该制定法调整。案件本该在此结束。[22]国会制定的法律可以良莠不齐，却不能由法院来区分良莠并修改劣法。如同纠正演讲者的“口误”或裁判文书中的“笔误”一样，我赞成的法律解释方法是：只有读者清楚地发现法律中存在表达错误（而非立法机构的意图存在错误）时，法院才可自行进行解释。例如，法律可能只说“被告”，但只指“刑事被告”（而不是“民事被告”）。[23]此类法律的客观

---

〔21〕 *Id.*

〔22〕 问题得以解决是就我们解释成文法的目的而言的。正如却伯教授的评论所表明的，参见 *post*，第 92 页，可能（尽管我不是很确信）在运用于管理成文法是违宪的。但是主张条款的违宪完全区别于主张条款规定言不及义；宪法怀疑可以正当地用于解释模糊的成文法，参见 United States v. Delaware & Hudson Co., 213 U. S. 366, 407 – 08 (1909)，但不能修改一部清晰的法律，参见 Moore Ice Cream Co. v. Rose, 289U. S. 373, 379 (1933).

〔23〕 *See* Green v. Bock Laundry Mach. Co., 490U. S. 504 (1989).

含义是很清楚的，在此类极端的例子中，应从整体的法律
20 文本出发理解某个具体的法律规定，这与合理的解释原则并行不悖。〔24〕不过，立法机构的明显“口误”和立法机构明显模糊的法律规定是有区别的。每次律师们想要我们忽略制定法那狭隘、闭塞、垂死的文本时就会向我们援引“圣三一教堂案”，并要求我们把注意力投向赋予生命力的立法机关意图。这只会导致法官造法。

法官造法的途径很多，有些途径比贴上“未经表达的立法意图”的标签还管用，不过，它们并不常见于司法意见中，因为这很显然是一种篡权。把法院的目的贴上“未经表达的立法意图”的标签则让所有的事情都顺理成章。我敢保证，在法官的司法意见中，从没有像吉多·卡拉布雷西（Guido Calabresi）的著作《成文法时代的普通法》（*A Common Law for the Age of Statutes*）那样对法官造法进行合理性论述。他阐述道：

> 因为成文法一旦通过就很难修改，一些至今都在约束我们的法律在今天不会也不可能被制定，并且

---

〔24〕 前引注，第527页（斯卡利亚的赞成意见）。

> ……*有些法律不仅不能被重新立法，而且与整体的法律结构不吻合甚至不一致*……
>
> ……有一种办法可以解决法律过时的问题：授权给法院判断制定法是否过时、是否应以某种方式有意识地加以审查。有时这种原则近乎授权法院处理制定法问题，似乎它们就是普通法的组成部分。〔25〕

的确，卡拉布雷西法官说道，法院已经“以普通法的方式……通过拟制、托词和迂回的方式运用［他支持的法律修改权］”〔26〕。而且，他并不确定他们是否应该遵循这 21
种既有路线还是转向一种更为直接的、坦率承认他们的所作所为的方式。

在最近出版的著作《制定法的动态解释》（*Dynamic Statutory Interpretation*）中，埃斯克里奇（Eskridge）教授提出了另一种法官直接修订法律的方法。该书实际上接受的观点是，适用法律的法官应当主张：“［对法条的解释］不仅应满足成文法的抽象含义，或是通过它们的立法史去解

---

〔25〕 Guido Calabresi, *A Common Law for the Age of Statutes*, 2 (1982)［重点（斜体）为原文所有］。

〔26〕 前引注，第117页。

释，而更应该满足我们当代社会中的需求和目标。"〔27〕法律应该具有的含义就是它的实际含义。

我同意卡拉布雷西法官的观点（埃斯克里奇教授有同样的观点），即许多判决可以通过一种托辞来实现卡拉布雷西和埃斯克里奇以及其他真诚的非文义解释者的目的。如我所言，与文本相脱离的"立法意图"是其中的托辞之一。正如我所描述的，"圣三一教堂案"是其中的案件之一。不过，我认为需要做的不是将这个过程合理化，而是抛弃这个过程。法律的含义是它应当具有的含义，以及由非经选举的法官来决定什么才是法律应当具有的含义，是完全与民主理论不相容的。

也许可以认为，联邦最高法院在"圣三一教堂案"中采取的法律解释方法得出了一个令人满意的结果。甚至可以认为（尽管我表示怀疑）它确实符合国会未经表达的立法意图，而非仅仅是联邦最高法院想要的结果。但无论如何，该判决是错误的，因为它未能遵循文本。文本才是法律，而因此文本必须被遵守。我赞同霍姆斯大法官的观点，

---

〔27〕 William N. Eskridge, Jr., *Dynamic Statutory Interpretation* 50 (1994) (quoting Arthur Phelps, *Factors Influencing Judges in Interpretating Statutes*, 3 Vand. L. Rev. 456, 469 (1950)).

这个观点被法兰克福特大法官在其论述成文法解释的文章中加以赞成地引用："就在一两天以前——当律师谈到立法者的意图时，我非常直率地说我不在乎他们的意图。我只 22
想知道法律文本的含义。"〔28〕我也赞同霍姆斯另外的一番话，这番话曾被杰克逊大法官加以赞成地引用："我们不探询立法机关的意图。我们只探求制定法的含义。"〔29〕

文义解释

上文所述的解释哲学一般被称为文义解释（Textualism），这种解释规则在某些圈子中被认为是生硬、缺乏想象力和呆板的，不需要做深入思考。其实文义解释并非如此，一个遵守规则的文义解释者，并不意味着不再关注制定法律的目的，也不意味着在法律的社会适应性方面无所作为。文义解释者需要信奉的信条是，法官无权探寻法律

〔28〕 Felix Frankfurter, *Some Reflections on the Reading of Statutes*, 47 Colum. L. Rev. 527, 538（1947）.

〔29〕 Oliver Wendell Holmes, *Collected Legal Papers* 207（1920），引自 Schwegmann Bros. v. Calvert Distillers Corp., 341 U. S. 384, 397（1951）（同见 Jackson 大法官的赞成意见）。

中过于宽泛的立法目的，更无权创制新的法律。

不应当将文义解释和所谓的严格解释（strict constructionism）混淆起来。严格解释只是一种变质的文义解释形式，这种解释哲学给文义解释带来了不好的名声。我并不是一个严格解释者，而且我认为，即使严格解释比文义解释更好，大家也不该成为严格解释者。法律文本不应做严格解释，同时也不应做过于宽泛的解释，而应作合理的解释，应当包含所有其应该包含的含义。文义解释和严格解释之间的区别可以通过联邦最高法院四年前审理的一个案件予以说明。[30]该案件涉及的法律中包含了延长监禁期限的条款，即“被告人在从事毒品走私或者与毒品走私有关的活动中使用了枪支”。在这个案件中，被告企图购买一定
23 数量的可卡因，他提供的作为交换的对价是一把未装子弹的枪，而且被告已经将枪支向毒贩展示过。令人遗憾的是，联邦最高法院坚持认为被告人符合法律规定的条件，应该被加重处罚，理由是被告人“在从事毒品犯罪或者与毒品犯罪有关的活动中使用了枪支”。投票结果差距也很大（6比3）。我持反对意见。现在我也说不清楚我那些持多数意

---

〔30〕 Smith v. United States, 508 U. S. 223 (1993).

见的同事这样投票，是因为他们是严格解释者，还是因为他们根本不是文义解释者。但是一个像我这样的真正的文义解释者无疑将投反对票。对“使用枪支”这一用语的合理解释，应该是以枪支通常被使用的方式使用枪支，也就是说作为武器使用枪支。正如我在反对意见中所说，当你问一个人：“你用不用手杖?”你并不是在问一个人是否将他祖父的古董手杖作为装饰品摆在走廊里。

一个好的文义解释者不仅不是一个过于拘泥于文字的解释者，也不是一个极端怀疑论者。法律用语一般都具有相对固定的含义，超出这些含义进行解释一般是不允许的。我比较喜欢举的一个偏离文本解释的例子（这种偏离使法官成为了随心所欲的立法者）是见于美国宪法第五和第十四修正案中的正当程序条款。这两个修正案规定，任何人“未经正当程序都不能被剥夺生命、自由或财产”。这些规定被进一步解释成限制政府剥夺宪法中明确规定的自由权利（例如言论自由和宗教自由）之外的一些权利［最高法院首次以这种解释方式使用正当程序条款是在“德雷德诉桑德福案”（*Dred Scott v. Sandford*）[31]中——这个出处有

---

〔31〕 Dred Scott v. Stanford, 60 U. S. (19 How.) 393, 450 (1857).

点尴尬]。保护宪法规定的自由权利之外的一些权利可能是好事，也可能不是，但是正当程序显然不支持该解释。根据其不可回避的条款，正当程序仅保障程序。生命、自由或财产可能被政府剥夺，但必须经过我们的传统所要求的
24 正当程序，即适用有效的法律并进行公正的审判。不承认这种说法等于放弃文义解释，并将通过民主程序制定的法律作为法官造法的一个跳板。

在所有对文义解释的批评意见中，最没有见地的应该是指责文义解释过于“形式主义”。我对这一观点的回应就是，文义解释当然是形式主义的！因为法治在很大程度上就是一种形式。例如，假如一位公民实施了某种行为（例如将特定的技术卖给外国），如果这一行为违反了一个广为公布的法案，这一法案已经由政府提请表决并经参众两院通过，但是总统尚未签署，那么这一行为就是合法的。跟任何人都知道参众两院和总统都希望阻止这种行为无关。但是在这种愿望变成有约束力的法律之前，它必须在参众两院获得通过，并且由总统签署。这难道不是形式主义吗？如果一个谋杀者被抓获时发现手上带有血迹，向被害人的尸体鞠躬；同时一个邻居用摄像机记录了犯罪的过程，谋杀者也以书面或录音的形式认罪。即便如此，国家在惩罚这个歹

徒之前必须经过刑事审判程序并作出有罪判决。这难道不是形式主义吗？形式主义万岁，它使得政府成为一个法治的政府，而不是一个人治的政府。

原则与假定

文义解释通常和称为解释性原则的解释规则相联系——它受到现代法律评论家的广泛批评甚至是嘲笑。许多原则源自于拉丁语，这一条就足以让它受到鄙视。例如，一个原则是明示其一即排斥其他。其含义是：如果一项规定是12岁以下儿童可以免费进入，你就不必再问你已13岁是否需要付费。包含一类成员就隐含着排除其他类的成员。另一项经常使用的原则是文理解释，其字面意思是 25
“根据上下文进行理解”。这意味着字面意思应在理解上下文的基础上确定。如果你告诉我，“我在海湾（bay）里划船”，我理解的“bay”是一种含义；如果你告诉我，“我把马鞍放在马背（bay）上”，我理解的“bay”则是另一种含义。另一项原则是同类原则，它或许这仅仅是上一项原则的具体应用。这意味着，如果一个文本中罗列有一系列条目，所罗列的一般性术语应理解为限定于同类的条目。例如，如果有人谈到使用“大头钉、钉书钉、螺丝钉、图钉、铆钉以及其他的东西”，一般性术语“其他的东西”肯定是指其他的固定用物件。

这些都是常识，如果不是用拉丁语表达出来，任何人批评都会令人难以置信。然而，实际上这些原则被视为胡言乱语而遭到攻击。正如卢埃林（Karl Llewellyn）在1950年发表于《范得比尔特法律评论》（*Vanderbilt Law Review*）的一篇常被引用的嘲讽性文章中所说的：“任何一件事情都存在着两种截然相反的原则，并附有已作出的选择。每位律师都必须对它们全部烂熟于心：他们仍然是必要的辩论工具。”〔32〕卢埃林在两个栏目中各附上一份原则清单，左边的栏目标题为“攻击”（Thrust），右边的栏目标题为“防御”（Parry）。不过，通过分析清单会清楚地发现，“几乎在每一点”上都不存在两项真正对立的原则。除非有人将恣意曲解法律的法官所做的乏味陈述视为原则。例如，卢埃林在“攻击”栏目下的第一项原则是“制定法不应当

---

〔32〕 Karl N. Llewellyn, *Remarks on the Theory of Appellate Decision and the Rules or Canons about How Statute Are to Be Construed*, 3 Vand. L. Rev. 395, 401 (1950).

超越其文字含义”，并引用萨瑟兰（Sutherland）作为依据，
并为之喝彩。他在“防御”栏目下的原则是“要实现法律
的目的必须超越其文字的含义”，却没有引用萨瑟兰和布莱
克（Black）（他的主要权威依据）。这并不是一个普遍接受
的原则，虽然我确信一些恣意曲解法律的法官在运用它，
如“圣三一教堂案”中的法官。而即使它偶尔被运用，卢 26
埃林为何不用他研究普通法判决的审慎态度去对待这些所
谓的“原则”呢？去芜存精。在卢埃林的原则清单中，还
有许多其他冒牌原则，尤其是在“防御”栏目中。例如，
“防御”栏目第8条是：“法院有权查明真实的（区别于表
面）目的。”该原则闻所未闻。

不过，卢埃林“防御性”原则中的大部分并不与相对应的原则矛盾，而只是表明它不是绝对的。例如，“攻击”原则第13条是：“在立法之前已存在司法解释的词语或语句应该按照该解释来理解。”“防御”原则中对应的规定是：“成文法明确规定这些词语具有不同含义时除外。”呃，这应该是理所当然的吧？每项定律仅仅具有一重含义，如果有更多相反的指引（或许受到其他定律的支持），它就必须让步。但这并不导致整个体系成为一个骗局，除非法官有意使其徒具虚名。

另一个值得讨论的问题是，在文义解释中运用支持或

反对某种结果的假定和解释规则。例如，法院在解释刑事法律时，运用（或者应该运用，或者明确表示他们运用）人所皆知的“宽大规则”（rule of lenity）（其规定是对刑事法律中任何不明确的规定都必须做有利于被告的决定）。[33] 有一条规则规定，处理与印第安人权利有关的条约和制定法中含糊不清的地方，应该以有利于印第安人的方式加以解决。[34] 还有一条规则在二十世纪二三十年代保守主义法院曾导致了灾难性后果。这条规则是，克减普通法的制定法应作狭
27 义解释。[35] 另一条被近年来自由主义法院推广，同样导致了灾难性后果的原则是，“补救性法规”（remedial statutes）应作宽泛的解释以实现其“目的”。[36] 还有一条规则规定，对放弃主权豁免应作狭义解释。[37] 还有另一项规则规定，

---

〔33〕 *See* United States v. Bass, 404 U. S. 336, 347 – 49 (1971).

〔34〕 *See* Montana v, Blackfeet Tribe of Indians, 471 U. S. 759, 766 – 68 (1985).

〔35〕 *See* Robert C. Reed & Co. v. Krawill Mach. Corp., 359 U. S. 297, 304 – 5 (1959).

〔36〕 *See* Tcherepnin v. Knight, 389 U. S. 332, 336 (1967). 我反对这项特殊规则的更多论述, See Antonin Scalia, *Assorted Canards of Contemporary Legal Analysis*, 40 Case W. Res. L. Rev. 581, 581 – 86 (1990).

〔37〕 *See* United States v. Nordic Village, Inc., 503 U. S. 30, 33 – 34 (1992).

取消州主权豁免的联邦法律必须“清楚无误”。[38]

在坚定的文义解释者看来，上述优先考虑的规则和预设都存在许多问题。对于一部制定法是否在权衡基础上更准确地表述此含义而非彼含义的问题，我们本来就很难提供一个统一的、客观的答案。如果再往天平的一端或另一端加上某些不能确定的重量，就几乎不可能期待统一性和客观性。到底应该多“狭义”地理解需要狭义解释的某类制定法？一个宽泛的意图应该表达得多清楚才会摆脱宽泛性？从某种程度上说，进入诉讼中的每一部制定法都是“模糊的”。适用“宽大规则”或保护印第安人的规则之前如何判断这些规则是模糊的？运用“自由主义解释方法”对补救性法规的不合理性进行论证有多“不合理”？而一项“清楚无误的”法律规定到底有多“清楚”？这些存在于司法判决中的问题并不存在答案。即便没有专横恣意，这些人为的规则也会导致司法判决难以预知。或许为了某些规则这个代价还是值得付出的。不过还会存在比不可预知和偶尔的恣意更糟糕的情形。或许保留以下原则所付出的代价就是合理的：比如，一个人不得因法律没有明确禁

---

〔38〕 *See* Dellmuth v. Muth, 491 U. S. 223, 230 (1989).

止的行为负刑事法律责任；又比如，联邦干预州的主权豁免属于极端非常时期的干预。

无论上述事先决定胜负的掷骰子规则（dice-loading
28 rules）是好是坏，常见的问题是，法院从哪里获得强制实施这些原则的权力。我们能否说，我们所解释的法律就是国会通过时恰好想要表达的意思？我对此表示怀疑。“宽大规则”几乎和普通法本身一样古老，[39] 因此该规则具有效力也许是因为年代久远。其他的我就更表示怀疑了。对克减普通法的制定法作狭义的解释似乎完全是一种司法褫夺权力的表现。有些规则仅仅是对常规性解释的夸张表述而已。例如，国会废除州主权豁免是非同寻常的行为，人们通常会期望它能够得到明确而非默示的规定。因此，像“清楚无误的规定”这样的规则仅仅是常规性解释。这同样适用于州放弃主权豁免的情况。

---

[39] 彼特·麦克斯维尔（Peter Maxwell）先生写道，规则可以追溯到当时的英国，法律中有一百多项死罪，包括“在果园中砍伐一颗樱桃树，或被发现与吉普赛人在一起超过一个月”。Sir Peter Benson Maxwell, *On the Interpretation of Statutes* 239（London：William Maxwell & Son 1875）. *See also* United States v. Wiltberger, 18 U. S. （5 Wheat.）76, 95 （1820）. （“对刑事法进行严格解释的规则或许和解释本身一样久远。”）

立法史

我现在要从制定法解释中久已采用的原则和预设转向
新近广泛使用立法史的问题（我指的是立法资料，包括议
员的辩论、委员会报告甚至委员会的证言）。我的观点是，
构成法律的语句客观表达的含义而非立法机构的意图应当
引导我得出最后结论，立法史不应当被用作为制定法含义
的权威依据。这曾是英国和美国的法律传统。坦尼大法官 29
（Chief Justice Taney）写道：

> 在解释这部法律时，法院的判决绝不能受议案讨论时个别议员的影响，也不能受议员赞成或反对法案的动机或理由的影响。生效的法律是国会两院多数意志的体现，意志只会通过法律本身体现出来。我们必须从法律的表述中推断意图，一旦存在模糊之处，必要时可参考法律通过时的公开历史。[40]

---

〔40〕 Aldridge v. Williams, 44 U. S. （3 How. ） 9, 24 （1845）.

美国一直沿袭上述观点至本世纪。然而，在二十世纪二十年代末、三十年代出现了改革运动。不论是否可信，其动力竟来自于对普通法法官运用“立法意图”和所谓的原则贯彻自己反对促进社会发展的立法活动的观点落了空。我在前面引用兰迪斯的文章强烈地批评了此类司法篡权。他提出的解决办法不是废除作为解释性标准之一的立法意图，而是运用立法史使立法意图置于不受操纵的位置。[41]

美国对立法史的广泛运用仅能追溯到二十世纪四十年代。在二十世纪五十年代它仍然受到法兰克福特和杰克逊等受人尊敬的大法官的批评。例如，杰克逊在一个判决的赞成意见中写道：

> 如果联邦最高法院是通过分析制定法而非从心理上分析国会而得出这个结论的，那我应该更加欣然地
> 30 赞同。当我们着眼于立法史，包括听证会上证人的陈述、国会议员可能持有的想法，我们必须将自己置于国会议员中多数派的位置，并按照我们认同的立法历史应当施加于国会议员的印象行事。因为从未做过议

---

〔41〕 *See* Landis，前引注17，第891－892页。

员，在尝试这样的努力时，我感到处处掣肘寸步难行。那种过程在我看来不是在解释法律而是在创制法律。[42]

不过，在过去的数十年中，我们发展了一种法律文化，在这种文化中，法律人通常（我确实认为是通常）并未区分制定法文本和立法史中出现的词语。我们联邦最高法院经常会在案情摘要或口头辩论中被告知说，“国会是这样或那样说的”。而实际上，被引用的内容并不是国会公布的法律，甚至也不是国会中某个议院签署的文件，而是某个议院中的某个委员会在委员会报告中详细阐述的声明而已。诉诸立法史是如此普遍，以至于法律人将它经常被引用（也经常被忽视）的准则颠倒过来，作为笑话广为传颂：“只有当立法史模糊的时候，人们才应该考虑法律文本。”说实话，这已经不好笑了。现实取代了讽刺。前不久我读到的一篇案情摘要一开头就讨论立法史，接下来说（我逐字引述）：“不幸的是，立法争论不能帮助我们理解该法

〔42〕 United States v. Public Utils. Comm'n of Cal., 345 U.S. 295, 319 (1953)（杰克逊大法官的赞成意见）。

条。因此，在这个困难的问题上我们转向另一个标杆，即制定法的语言。”〔43〕

如我所言，原则上我反对运用立法史，因为我反对把立法机构的意图作为解释法律的合理准则。然而，关于立法史的运用最让人恼怒的是，对于那些以立法意图为标准
31 的人来说它甚至都是没有意义的。它更可能产生一个错误的或者是矫揉造作的立法意图。最重要也是最明显的理由是，对诉讼中有关法条解释的99.99%的问题而言，根本就不存在立法意图，因此，立法史中的任何线索都注定是错误的。那些问题几乎不可避免地专注于某个细节，而不是制定法的立法意图。国会两院的多数（更不用说总统，如果他签署了而非否决该议案）绝不可能对此类问题有任何观点。实际上，多数人根本没有意识到它们的存在，更别提对解决这些问题有什么具体偏好。

不过，即使我们假设“立法意图”确实存在，“立法意图”依然不太可能在立法史档案中被发现。早期的时候，国会成员较少，立法任务更少，我们或许还可以相信，一

〔43〕原告的诉讼请求见21，Jett v. Dallas Indep. Sch. Dist.，491 U.S.701（1989），引自 Green v. Bock Laundry Machine Co.，490U.S.504，530（1989）（斯卡利亚大法官的赞成意见）。

位重要的议员出席了议会的讨论，或者阅读了委员会的报告，并且实际上以他们耳闻目睹的内容为基础进行表决。事实上，这已经很久远了。议员很少在一起争论，通常只有在召集法定人数或者是进行表决时，议员才会在一起讨论委员会事务并向议会汇报。就委员会的报告而言，甚至不能确定提出该报告的委员会是否有时间阅读该报告，正如下述参议院针对税收法案的辩论中所表明的（在巡回上诉法院工作时，我曾在撰写过的司法意见中引用过这段话）：

阿姆斯特朗先生：……我的问题是，这可能让你［财经委员会主席］感到吃惊：主席的意图是不是，国税局、税务法庭和其他法庭从此法案附随的委员会报告中获得国 32
会意图的指导？

多尔先生：我当然希望如此……

阿：主席先生，参议员能否告诉我，是否是他起草的委员会报告？

多尔：你问是我起草的委员会报告？

阿：是的。

多尔：不。来自堪萨斯的参议员没有起草委员会报告。

阿：有任何参议员起草委员会报告吗？

多尔：我得查证一下。

阿：参议员是否知道有任何参议员起草了委员会报告？

多尔：我或许能够确认一个，不过我得找找。我可以说，整个起草过程我都在场，并且和他们一起认真地工作……

阿：主席先生，来自堪萨斯的参议员，财经委员会的主席，看过委员会报告的全文吗？

多尔：我在努力。它不是很有影响，不过我正在努力。

阿：主席先生，财经委员会的成员给委员会报告投票了吗？

多尔：没有。

阿：主席先生，我提出的问题的理由或许看起来不是很清楚，请让我将它表述为：……财经委员会没有考虑报告本身。它没有经过财经委员会的修正。它现在依然没有经过参议院的修正。

……

……如果报告中某些事项受到来自科罗拉多的议员，甚至是所有议员中大多数人的反对，我们将没有办法改变这个

33 报告。我不能在今晚提出一个修正案来修改委员会报告。

……对于法学家、管理人员、行政官员、税收人员或者其他可能接触到此类过程的书面材料的人员而言，我需要指出的是，这并不是法律，它未经投票，也未经过修正，我们应该督促自己，通过该制定法表达确实的立法意图。[44]

颇具讽刺，不过也非常好理解的是，法院越仰赖于立法史，那它就越不值得信赖。在早期，立法史至少是真实的而非虚构的，它是立法过程中真实的组成部分，是法案发展的组成部分，是提醒并说服那些投票者工作的组成部分。如今众所周知的是，法官会从议院辩论（尤其是）委员会报告中提炼“立法意图”的权威表述，这一做法的主要作用是影响法院，而非给议会提供信息。与其说因为存在立法史才参考它，倒不如说是因为法院需要参考立法史才得以存在。华盛顿律师游说团的日常工作之一就是草拟一份立法支持者能够引述的“议院辩论”稿。更理想的情况甚至是插入委员会报告。

针对批评立法史的情况也出现了不少回应。其中之一

〔44〕 128 Cong. Rec. 16918 - 19, 97th Cong., 2d Sess. (July 19, 1982), 引自 Hirschey v. Federal Energy Regulatory Comm'n, 777 F.2d 1, 7 n.1 (D.C. Cir. 1985)（斯卡利亚大法官的赞成意见）。

是：“就算议会的多数成员自己不知道委员会报告的内容又如何？他们当中的多数人根本就不知道立法本身的细节，但是立法还是有效。实际上，他们可能更通晓委员会报告而非法律文本。”这种回应忽视的一点是，真正的理解是委员会报告具有必要权威的前提，而非制定法权威的前提。
34 委员会报告没有必要引起我们的注意，除非它是议院投票的基础，因而代表了议院的“意图”——正如我们所寻求的那样。不过，一部成文法能够让人关注的原因仅仅在于，宪法第1条第7款规定，只要以法定多数通过（不管是否在获得充分理解之下通过）即成为法律。

另一种回应则正面挑战立法史必须反映国会全体意志这一假设：“委员会报告并不是因为国会大体上都了解并同意它们而具有权威性，而是因为国会希望它们具有权威性，即将立法细节留给委员会处理。”国会抱有此类期望可能是真实的，也可能不是。前述阿姆斯特朗议员的观点表明它不是真实的。不过，如果它是真实的，它就违反了宪法。因为宪法规定：“所有的立法权都是由参议院和众议院的代表组成的美国国会执行的。”〔45〕立法权是制定法律的权力，

〔45〕 U. S. Const. art. I, 1.

不是产生立法者的权力。这是不可授权的。议会授权一个委员会针对一个有约束力的特定法律“填补细节”无异于授权一个委员会制定不重要的法律。议会本身没有规定的内容要留待行政机构或者（最终）留待司法机构来解决。这就是分权的实质。因此，委员会报告权威性唯一可能的依据是，它们真正地体现了国会全体的意志，而（正如我尽力阐明的那样）它们肯定不是。

我想，兰迪斯院长以及当年赞成用立法史来纠正“恣意妄为的法官”的人们将会惊讶于半个世纪后的后果。总之，它促进了而非阻碍了根据法院的政策选择而不是中立的法律原则形成的判决。由于没有任何规则约束立法史应 35
被赋予多大权重，它被采用或抛弃的可能性通常是一样的。如果恣意的法官不喜欢委员会报告，他就不会予以遵循。他会认为成文法并不模糊，委员会报告太模糊了，或者立法史（这是一个受法官欢迎的表达）“整体上讲不具有决定性”。通常很难确切地表明这种主张是错误的。当然，在其他解释技术中，模糊之处确实也是存在的，从而也在一些解释方法方面存在司法恣意的机会，例如解释的原则（这是兰迪斯院长深恶痛绝的）。不过，立法史的运用并没有取代其他方法，前者只是对后者的补充。解释原则依然存在，在此之外才有立法史的位置。此外，立法史提供了一个广泛的适用领域。在立法的主要领域中，立法史是广泛存在的，每个人都可从中受到启发。正如利文撒尔（Harold Leventhal）法官曾说的，窍门就是在拥挤的人群中找到你的朋友。立法史所能实现结果的多样性和明确性是无与伦比的。

我认为应该终止这个不成熟的试验，哪怕不考虑原则性也应考虑实用性。我保证自己在过去的9年内没有运用过立法史审理案件。坦白地说，那样做没有什么太大的区别（因为立法史通常是非决定性的）。我只记得有一个案例，假如我使用了立法史就会得出另外的结果，反倒是我的其他同事运用了立法史却没有得出那个结果。〔46〕放弃立法史最直接和实际的影响就是：法官、律师和委托人将会节省大量的时间和费用。在担任司法部法律顾问办公室
36 （Office of Legal Counsel）领导时，我估计我手下的律师60%的时间都用在查找、分析立法史资料。这真是一种浪费。我们过去没有这么做，以后也不应这么做。

---

〔46〕 *See* Wisconsin Public Intervenor v. Mortier, 501 U. S. 597 (1991)；前引注，第616页（斯卡利亚大法官的赞成意见）。

解释宪法

我不敢说自己对文义解释中的所有问题都有研究。在此我只希望专门讨论一下宪法解释这个独特问题。这个问题颇为独特，不是因为运用了专门的解释方法，而是因为将解释方法运用到不寻常的法律文本之中。马歇尔大法官将这种观点完美地表述在“麦卡洛克诉马里兰州案”（*McCulloch v. Maryland*）中：

> 假如一部宪法试图详细地列举其所覆盖的所有内容，以及实现所有这些内容的措施，那么它就会如同一部法典一样琐碎，或许就无法被公众所理解。因此，其性质决定了只需规定重大原则，设计重要的目标，而组成那些目标的不重要的成分则可以从目标本身的性质中推断出来。[47]

在文义解释中，上下文就是解释的全部。宪法的上下

〔47〕 McCulloch v. Maryland, 17 U. S. (4 Wheat.) 316, 407 (1819).

文告诉我们不要去咬文嚼字，而是要对用语进行广义而非狭义的解释。当然，并不包含那些用语所不能承载的解释。

例如，第一修正案禁止限制“言论或出版自由”。该
37 表述并未列举所有的言论自由。例如，书信既不是言论也不是出版物。然而它们毫无疑问不能受到审查。在这种宪法文本中，言论和出版这两种最普遍的言论自由表达方式代表了言论自由。这不是严格解释，但这是合理的解释。

奇怪的是，大多数坚持认为立法者的本意决定法律含义的人拒绝将制宪者的本意作为宪法解释的标准。我对二者均予以拒绝。在案件审理过程中，我会考虑一些出席过制宪会议的人的论述（例如，汉密尔顿和麦迪逊在《联邦党人文集》中的论述）。不过，我这样做并不是因为他们是制宪者，因而他们的意图具有权威性必须成为法律，而是因为他们的论述和当时其他学识渊博的人的论述一样，展示了宪法的文本最初是如何被理解的。因而我同样重视杰伊在《联邦党人文集》中的论述和杰斐逊的论述，尽管他们俩都不是制宪者。我在宪法中寻找的正是我在法律中寻找的，即文本的原始含义，而非起草者最初的意图。

不过，宪法解释的分界点不是制宪者的意图和客观性

含义，而是原始含义（无论是否衍生于制宪者的意图）和
当下的含义。主流宪法解释学派断言，存在一种活的宪法
（living constitution）以适应变迁社会的需要。而且，正是
由法官来决定适应社会需要的具体内容，并“发现”已改
变的法律。这听起来很熟悉，不是吗？是的，这确实是普
通法的回归，它甚至具有比旧普通法大无穷倍的威力，因
为现在它甚至胜过民主立法机构制定的法律。回顾一下我
在前面引述的充满激情的立法者兰道尔在国庆日发表的演
讲：“通过从先例中抽取原本不存在的内容，法官进行造 38
法。他扩展了先例，而这些先例本来也是其他先例的扩展。
通过这种包容性原则，最后在没有权威或立法者干预的情
况下，一套完整的法律体系确立起来。”〔48〕在这句话中用
“人民”取代“立法者”，就是对现代美国法院对宪法的所
作所为的完美描述。

如果你走进宪法课堂，或者学习一本宪法案例书，或者阅读一个宪法案例卷宗的摘要，你会发现它们极少讨论宪法条款的具体文字，也不问该条款最初是如何被理解的，甚至不问制宪者的本意。首先分析的反而是最高法院的案

---

〔48〕 Rantoul，前引注 7，第 318 页。

例，新的问题将按照那些案例中表达的逻辑进行分析，而不考虑那种逻辑经扩展之后在多大程度上让我们远离了原始的文本和观点。不过，更糟的是，如果那种逻辑未能形成目前联邦最高法院对于手头案件所期望的结果，那么，像普通法的好法官一样，联邦最高法院将识别它的先例，或者加以限定，或者必要时推翻先例，其目的是让宪法具有它应该具有的含义。举一个不太具有争议的例子：人们应当具有死亡的宪法权利吗？如果应当，那实际上就会有。〔49〕亲生父母有权向养父母要回自己的孩子吗？同样，应当有就会有。〔50〕如果这样做有好处，就是应当的。不必去管我们要阐释的文本。假如别的途径行不通，我们也可以通过对正当程序条款进行解释的方式偷偷放入这些新权利，而正如我已经表述的，这个条款本身是不可能包含这些新权利的。此外，
39 昨天的宪法含义并不必然就是今天的含义。正如我们围绕第八修正案（残忍和不正常的刑罚条款）的法律理论给出的司法意见所说的那样，宪法含义的变化反映了“尊严的标

〔49〕 *See* Cruzan v. Director, Mo. Dep't of Health, 497 U. S. 261, 279 (1990).

〔50〕 *See In re* Kirchner, 649 N. E. 2d 324, 333 (Ill.), cert. denied, 115 S. Ct. 2599 (1995).

准在不断变化，这标志着社会走向成熟进步”。[51]

这明显是一种普通法的造法方式，而非解释以民主方式通过的法律文本的方式。我在前面提到一篇关于法律解释的名为《德沃里斯论制定法》（Dwarris on Statutes）的英国名作。德沃里斯法律格言第4条如下：“议会制定的法令不能由于时间的原因而被改变。但是普通法可以，因为它的原则是，法律的理由一旦消失，法律本身也就不存在了。”[52]这仍然是法律解释中正式阐明的规则（虽然它有时会在很大程度上被回避）：制定法不能改变。卡拉布雷西法官和埃斯克里奇教授提出的“动态法律解释”主张因此被认为是先锋性的主张。不过，尽管宪法是民主的产物，我们却在形式上像普通法一样对待。那么，这样做的正当理由是什么呢？

比较自然的假设是，文本不会改变这一规则可以牢固地运用于宪法。如果法院因民主式程序的约束而无法修改制定法，因为这种修改是由立法机构进行的，那么，法院

---

〔51〕 Rhodes v. Chapman, 452 U. S. 337, 346 (1981)，引自 Trop v. Dulles, 356 U. S. 86, 101 (1958)（多数意见）。

〔52〕 Fortunatus Dwarris, *A General Treatise on Statutes, with American Notes and Additions by Platt Potter* 122 (Albany, N. Y. 1871).

就更不应该去修正一部宪法，尤其当他们的修改很难被弥补的时候。当然，更不能说宪法本身自然地隐含着变化。相反，它的全部存在目的就在于防止变化，以这种方式植入某种权利以便未来世代无法将此权利剥夺。一个通过了《权利法案》的社会应该会怀疑“体面的标准在不断变化”是否总是“标志着进步”，也怀疑社会是否总是变得更加
40 “成熟”，而不是更加腐朽。无论是宪法的文本还是制宪者的意图（无论你选择哪个）都不可能得出结论说，宪法存在的唯一作用就是将改变权利的权力从立法机构转交给法院。

“活的宪法”的灵活性和任意性

宪法发展理论的基础是实用主义。该理论主张宪法必须具备“灵活性”以适应社会发展的需要，如果宪法不能适时修改变化，那它可能会遭到破坏。如果该理论的倡导者一直以来为我们带来的大部分“发展”是消除对民主政府的限制，还算有些说服力。但事实恰恰相反。特别是在过去的35年中，“发展”的宪法对行政、司法和立法活动

施加了诸多新的限制。此处我仅提及一些适应社会发展需要在过去可以实现，现在却难以实现的改革：

· 在州刑事审判中使用通过非法搜查获取的有罪证据；〔53〕

· 允许在公立学校毕业典礼上向上帝祈祷；〔54〕

· 按照美国参议院的方式选举州立法机构中的两院之一，即以不给所有的投票人数量上平等的代表权为依据；〔55〕

· 一旦收到欺诈证据就终止发放福利金，如果经听证证据被合理地驳回则恢复发放；〔56〕 41

· 对投票施加财产限制条件；〔57〕

· 禁止匿名的竞选刊物；〔58〕

· 禁止色情文学。〔59〕

---

〔53〕 *See* Mapp v. Ohio, 367 U. S. 643 (1961).

〔54〕 *See* Lee v. Weisman, 505 U. S. 577 (1992).

〔55〕 *See* Reynolds v. Sims, 337 U. S. 533 (1964).

〔56〕 *See* Goldberg v. Kelly, 397 U. S. 254 (1970).

〔57〕 *See* Kramer v. Union Free Sch. Dist., 395 U. S. 621 (1969).

〔58〕 *See* McIntyre v. Ohio Elections Comm'n, 115 S. Ct. 1511 (1995).

〔59〕 按照当前的原则，只有"淫秽"的文学作品才会禁止，参见 Miller v. California, 413 U. S. 15 (1973)，这是司法中创造的术语，它并不包含激发"正常、健康的性欲望"的内容，Brockett v. Spokane Arcades, Inc., 472 U. S. 491, 498 (1985).

宪法发展论者的未来计划也基本上一以贯之，即对民主政府创设新的限制，而非消除旧的限制。政府行为具有更少的灵活性而非更多。正如现在的情况，州和联邦政府可以适用或废止死刑，允许或禁止自杀，这些全都顺应了社会发展的要求。不过，如果死刑被判定违背了宪法第八修正案，自杀被判定受到宪法第十四修正案的保护，宪法的灵活性就会消失。不，问题的实质是，一般来说，宪法发展论者并非寻求推动社会发展，而是阻碍社会发展。

我必须承认，仍然存在一些宪法推动社会发展的例外情况。不过这些例外情况并没有像宪法发展论者认为的那样带来了更大的个人自由。（宪法发展论者认为那是一种更大的利益，理由我不能完全理解。所有政府都代表着个人自由和社会秩序的平衡，真实的情况是，并非每一种倾向
42 于更多个人自由的主张都必然是好的。）但是不管怎样，历史记录反驳了发展宪法总是带来个人权利这种主张。最明显的反驳是现代联邦最高法院限制对财产进行宪法保护。例如，禁止政府限制合同中的义务这一规则已被破坏。〔60〕

〔60〕 *See* Home Building & Loan Ass'n v. Blaisdell, 290 U. S. 398 (1934).

我确信“我们人民”会认同这种发展，因为我们不如制宪者那么重视财产权。因此，我们也不如制宪者（他们认为自卫权具有绝对的根本性）那么重视拥有武器的权利。如果宪法第二修正案被判定仅仅保证了州的国民警卫队，很少有人会失望。不过这只是表明，当（制宪者）担心（在他们看来是受误导的）下一代可能会取消他们认为必不可少的自由，并且希望保护权利法案中的那些自由时，他们的担心是有道理的。我们可能确实想要限制财产权并且撤销拥有武器的权利，但是我们不要假装这并未限制权利。

或许财产权已经太受冷落以至不能引起热情，而拥有武器的权利又太过危险，让我们举另外一个例子：几年前联邦最高法院受理了一个对儿童实施性虐待的案件。法院在庭审过程中发现，在（有嫌疑的）施虐者在场的情况下，该儿童易受惊吓以致不能作证。因此依照相关的州法律，允许她在仅有检察官和辩护律师在场的情况下作证，而被告、法官和陪审团则通过闭路电视的形式听审。这是一项足够合理的程序，联邦最高法院也判定其合乎宪法。[61]我撰写了反对意见，因为宪法第六修正案规定：“在所有的刑事指控

〔61〕 *See* Maryland v. Craig, 497 U. S. 836 (1990).

中，被告人有权……与反对他的证人对质。”对质的含义甚
43 至在今天都是确定无疑的。它意味着面对面，而非在不同的房间里。该条款的主要目的之一也是确定无疑的：就是恰恰将那种让那个小女孩难以承受的压力施加到证人身上。当面控告任何人都是很困难的，尤其是在说谎的情况下。自 1791 年那项条款被采纳以来，外部环境没有发生根本的变化。那时存在性虐待，现在依然如此；那时的孩子比大人更容易受惊吓，现在依然如此；那时的法院有办法将被告置于证人视线之外，现在依然如此（可以很容易地设置一个屏幕，使得被告能够看见证人，而证人却看不见被告）。不过宪法第六修正案却赋予所有的刑事被告与反对他们的证人进行对质的权利，因为那被认为是一种重要的保护措施。我认为，唯一改变的重要事项是社会对所谓的精神伤害（这正是我们被告知儿童证人在此种情形下所遭受的伤害）的看法以及社会在两种极端程序之间的利害权衡（一种程序确保百分之百地将所有虐待儿童的人入罪，而另一种程序则确保百分之百地为那些被错误指控为虐待儿童的人脱罪）。我毫无疑问地认为，从整体上说，社会对联邦最高法院的判决是满意的。但是我们不应就此假定判决没有消除此前存在的自由。

宪法发展缺乏指导性原则

我曾提出观点认为，美国人民可能会接受宪法限制公民自由的规定，但这并不表明宪法发展论者在决定宪法如何发展方面遵循了美国人民的意愿。他们并没有那么严格地遵循。甚至，作为一个团体他们根本就没有遵循。或许宪法发展理论最突出的缺陷，除了它违背了宪法发展的本质外，是在指导原则方面无法达成一致并且根本没有机会 44
达成一致。万物皆流变（*Panta rei*）并不是一个十分有效的宪法解释原则。法官必须思考的是，发展何时发生以及会朝什么方向进行？大多数人的意志是否区别于报纸、广播节目、民意测验以及民间团体的聊天？这是休谟、约翰·罗尔斯、约翰·斯图亚特·密尔还是亚里士多德的哲学？只要讨论的问题超出了宪法是否静止不变的范畴，发展论者就可以分裂成不同的阵营，像各种对真、善、美的不同理解那样。我认为这是不可避免的，这意味着发展论完全是一个不切实际的宪法理论。

需要提醒的是，我并不就此认为原旨主义者总能达成一致观点。关于原始含义甚至原始含义如何应用总是有许多不一致的地方，但是原旨主义者至少知道他在寻找什么：文本的原始含义。通常（甚至，我敢说是经常）那很容易识别并可予以简单应用。有时（虽然不是通常）在考虑原始含义方面会存在不一致；有时在原始含义如何运用于新的和不可预见的现象方面会存在不一致。例如，宪法第一修正案如何保证“言论自由”运用于新的技术领域，而这些领域在修正案产生之时并不存在。比如广播车或者政府许可的无线电视。在此类新领域中，联邦最高法院必须遵循宪法第一修正案投射的轨迹，也就是说，决定修正案到底要规定什么。毫无疑问，这项工作没有固定程式，需要进行主观判断。

但是，与宪法发展理论的不确定性相比，在决定原始含义并将其运用于现代社会中出现的不确定性则显得微不
45 足道。曾经被禁止的法律现在被解禁，曾经允许的法律现在又禁止了。而这些变化的奥秘则不为人知且无从知晓。原旨主义者（即使他不知道所有的答案）至少知道其中的许多答案。例如，对质条款要求面对面。在发展论者看来，每个问题都是有待讨论的，每天都是全新的。最高法院至

少有三位大法官坚持认为死刑违宪,[62] 尽管死刑的适用问题在宪法中有明确表述。宪法第五和第十四修正案的正当程序条款规定，未经正当法律程序不得剥夺任何人的生命；宪法第五修正案的大陪审团条款规定，未经大陪审团控诉，任何人不得被判处死刑。不过这些都没有用。依照宪法发展理论，死刑可能变得违宪，而且是由每位大法官自己来决定（虽然没有任何我能看得到的标准）这个问题（死刑是否违宪）。

作为最后的分析结论，在无数的可能性中，发展论者在决定宪法发展问题上将遵循何种原则也许并不重要。不管他提出何种主张，最终一部发展的宪法将按照大多数人的意愿发展。人们乐于让九位大法官来解释宪法，只要人们相信这（像解释制定法一样）基本上是大法官的工作，细致考察文本、文本的历史、对文本的传统理解、司法先例等。但是，如果人们逐渐相信宪法与其他的法律文本不一样，这将意味着，（宪法）不再具有它所表达的或者在

---

〔62〕 *See* Gregg v. Georgia, 428 U. S. 153, 227 (1976)（布伦南大法官的反对意见）；前引注，第 231 页（马歇尔大法官的反对意见）；Callins v. Collins, 114 S. Ct. 1127, 1128 (1994)（布莱克门大法官针对否决调卷令的反对意见）。

常规理解之下的含义，而是根据“演进中的合理得体的标
46 准”所应该具有的含义。那么，人们对宪法解释者的要求
将不再是公平、合理以及拥有专业的法律人素养。更具体
说来，他们将寻找在演进标准方面与他们保持一致的法官，
以及在宪法应该怎样方面与他们保持一致的法官。

在我看来，这正是我们现在的发展方向，甚至是我们已经到达的地方。75 年前，我们坚定地相信一部根基牢固不变的宪法，因此我们用宪法第十九修正案赋予妇女投票权。斗争并未发生于法院，也很少有人认为它可能会成为斗争之地，尽管宪法保障法律上的平等保护。该条款自其于 1920 年通过之日起就并未保证平等的投票权，而是允许不止在年龄，还有在财产和性别基础上的区别对待。有谁会怀疑，如果问题拖延到今天，可能出现不以修正案的形式修正《宪法》，而法院却会成为被选定的改革实施者？美国人民转而相信发展的宪法，一个含义视其时代之应有含义而定的“变动的”文本。与这种转变相关的是，在遴选联邦法官方面不可避免地会出现新情况，即根据法官们关于一系列宪法发展方面的观点进行遴选与任命。如果法院可以再次自由地改写宪法，他们一定会将宪法改写成大多数人所期望的样子，法官遴选和任命程序将在其

中发挥重要作用。当然，这将是权利法案的末日，因为其含义将恰恰取决于它原本预期用来对抗的主体：多数人。我们试图使宪法在任何时代都无所不能的企图会导致宪法一事无成。 47

评论·一

comment

戈登·伍德

Gordon S. Wood

布朗大学美国历史学教授，著有《美利坚合众国的缔造（1776—1787）》（The Creation of the American Republic,1776—1787），编著《光荣美国的崛起（1760—1820）》（Rising Glory of American,1760—1820），合著《伟大的共和国》（The Great Republic），毕业于塔夫茨大学，获哈佛大学硕士和博士学位。

这本书的作者们都非常出色，以至于我有些担心我自己是否有资格来点评斯卡利亚大法官的演讲。看上去我没他们那么专业。我从未上过法学院，因此，我从未经历过斯卡利亚所说的法学院一年级新生所经历的精神上的重生。我不是一个法律工作者，也不是一个法哲学家，更不是法学教授，甚至连法律史学家或宪法史学家也称不上。我只是一个研究十八世纪美国历史的普通历史学家，偶尔写些有关美国宪法起源的文章。因此，我不敢确信自己是否有评论的资格。尽管如此，我还是很高兴能够被吸纳到这些博学的法学家当中。

人们常常抱怨现代的法官们往往很疯狂，有些失去节制。他们已经成为法律的创制者而不简单地只是法律的解释者，并且在我们的生活中已经具有一定程度的权威性，这在现代西方国家当中是空前的。对此，我十分赞同。过去几十年里，法官已经开始掌控学校和监狱。一个联邦法官甚至可以监管我所在大学所有人员的任命，这已经有 10 年或更长时间了。当然，以公正为由。我不知道世界上其他国家的法官在塑造人们的生活方面，是否能够行使像美国法官这样大的权力。

若一个人认为这是一件好事，那么，他就不太可能是一个合格的民主主义者。斯卡利亚大法官意识到，这一类司法权威和造法带给民主的，只能是他所称的一种令人忧
49 虑的关系。联邦法院的法官并不是经由选举产生的，然而，他们却做着大概只有经过民众选举产生的代表才应该做的事情。

斯卡利亚大法官承认，对于美国人来讲，司法权威的非民主本质并不是一个新问题。他提到，十九世纪法典化运动就是美国人试图限制法官造法的早期事例。但问题还可以比这追溯得更远。从我们的殖民地历史伊始，美国人就已经对司法的作用展开了争论。实际上，在十九世纪，美洲殖民者对英国王室权力的主要抱怨之一就是王室法官行使的司法自由裁量权实在是太大了。

在 1776 年的美洲革命中，美国人设法严格地限制司法自由裁量权。尽管这一段历史在很大程度上仍是说不清的，但几乎所有州都曾努力清除无用的英国制定法和法律技术，并将普通法的许多组成部分予以简化，并编撰成法典。正如杰斐逊所说，他们的目的就是要终止“异想天开、反复

无常、心术不正之人偏执古怪的冲动”并使法官变成“一个纯粹的机器”。[1] 据说人们经常大量引用意大利法律改革家贝卡利亚的话语，社会需要的“只是少量的法律，这些法律应该是简单、明确、切合实际并易于适用的”。[2] 一旦立法机构详细阐明法律并将其成文化，那么，法官在解释法律的过程中将不再有任何正当理由来遵循他们自身的倾向和喜好。正如南卡罗里纳的威廉·亨利·德雷顿（William Henry Drayton）于1778年引用贝卡利亚的话所说，法官必须“遵循法律文本”。仅当此时，人们才能被保护而避免成为“法官的奴隶”。[3] 只有通过科学编撰的 50
法典以及在司法中严格遵守法律文本，才能够使人们免受司法专横之苦。

斯卡利亚大法官指出，精确的立法与法典化之革命性

---

〔1〕 杰斐逊于1776年8月26日致埃德蒙·彭德尔顿的信件，in *Papers of Thomas Jefferson*, ed Julian P. Boyd et al.（Princeton, 1950–）, 1:505.

〔2〕 “On the Present States of America,” October 10, 1776, in *America Archives*..., ed. Peter Force, 5th ser.（Washington, 1837–1846）, 2:969.

〔3〕 Drayton, Speech to General Assembly of S. C., January 20, 1778, in *Principles and Acts of the Revolution in America*, ed. Hezekiah Niles（New York, 1876）, 359. 有关对殖民地法律的混乱状态和司法自由裁量权的细致讨论，参见 Gordon S. Wood, *The Creation of the America Republic*, 1776–1787（Chapel Hill, 1969）, 291–305.

和启蒙性的承诺不但从来就没有失败过，而且它在十九世纪还变得更为强大起来。然而，早在十八世纪八十年代中期，一些美国人就开始觉察到，将法律用白纸黑字写出来并不像他们所预期的那样容易。许多州颁布制定法的方式并不总是像杰斐逊等改革家所期望的那样。一年一选的、不稳定的、互投赞成票的、民主的立法机构以这样一种混乱的、零碎的方式肢解了关于法典和制定法广泛而又全面的规划，使得简约和清晰的立法目标落空了，“每一部新法……充当的只是垃圾，我们用它埋葬了前面的法律”。〔4〕其结果就是，司法自由裁量权在独立革命后的岁月里变得比它在殖民地时期更加重要也更为盛行。议会制定法律的速度远远高于人们可能跟得上的速度。实际上，詹姆斯·麦迪逊在1786年曾抱怨道，《独立宣言》之后的10年间颁布的法律比其前面整个殖民时期颁布的法律还要多。

早些时候，许多美国人对经由民主选举产生的立法机构编撰法律充满了信心。但到了十八世纪八十年代，他们已经对此表示怀疑，并开始重新评价之前对于司法权力和司法裁

〔4〕 *Rudiments of Law and Government, Deduced from the Law of Nature* (Charleston, S. C., 1783), 35 – 37.

量权的敌意。当生活中每一种情形都需要颁布具体的法律时，康涅狄格州的牧师摩西·马瑟（Moses Mather）于1781年说道，法律就会激增，就会导致混乱，而坏人就会利用这种混乱来达到自己的私欲。所有的立法机构真正应该做的只是制定少量简单明晰、公平公正的规则，并将规则的解释权交给法院。“实际上，”马瑟说道，“如果民事司法适用的不 51
是特定的制定法，而是适用一般的衡平规则，那么就会在很大程度上依赖于法官的智慧和人格。”[5] 这与1776年贝卡利亚式的改革家的观点相差甚远，并且表明自《独立宣言》以来的历史已经多么深远地改变了美国人的思想。

在十八世纪八十年代，美国民众基于早期几十年的殖民史而对民主选举的立法机构产生的信任逐渐被削弱。许多美国人开始认为，他们的州立法机构不仅没有能力简化法律并编撰成法典，更让人担忧的是，这些制定法已经成为社会生活中专政和不公正的主要来源。与此同时，越来越多的美国人开始期望他们曾经一度害怕的司法机构作为一种主要的制约手段来控制住这些混乱而又狂暴的公众立

---

〔5〕 Moses Mather, *Sermon*, *Preached in the Audience of the General Assembly . . . on the Day of Their Anniversary Election*, May 10, 1781 (New London, 1781), 7–8.

法机构。一位即将就任的美国参议员、新罕布什尔州州长威廉·普卢默（William Plumer）早在1786年就断言，美国选举产生的政府机构的真正“存在”已经需要依赖司法机构了：“这是唯一一群能够有效制约庞大集会*的人。”〔6〕

十八世纪八十年代的众多反思中，美国政府所有的组成部分几乎都经历了重组和重建，而且经常得到以孟德斯鸠的“三权分立”原则为基础的理论支撑。不过，从十八世纪八十年代的反思和重塑当中受益最多的部门则是司法机构。在独立革命之后的10年间，法官职能发生了不平凡的转变：由令人极其畏惧的王权之附属物转变成为“政府三种主要权力”之一，由受制于殖民地的王室行政长官的下级治安法官角色转变成为现代三权分立共和政府当中一
52 个平等独立的机构。〔7〕

奇怪的是，这段历史从来没有人讲过。虽然我们研究过联邦最高法院及其重大的判决。但是，我们并没有找到关于十八世纪末十九世纪初出现独立司法机构的史学叙述，

---

* 指立法机关。——译者注

〔6〕 Lynn W. Turner, *William Plumer of New Hampshire*, 1759 - 1850 (Chapel Hill, 1962) 34 - 35.

〔7〕 Address of Mass. Convention (1780), in *The Popular Source of Political Authority: Documents on the MassachusettsConstitution of 1780*, ed. Oscar and Mary Handlin (Cambridge, Mass., 1966), 437.

也许是因为我们一厢情愿地认为一直存在一个强有力的独立司法机构。这是一段意义非凡的历史，它是美国重大政治和文化转型史的组成部分之一，与此同时也是历史上新闻宣传最活跃的时期。使民众确信终身任职的法官是美国民主政府完整而又独立的组成部分，即在地位和权威上与公众选举产生的行政官员和立法官员平起平坐，这是一项极其显著的成就，也是在独立革命之后几十年间经过很多人的努力才实现的。

这并不是一件轻而易举的事。十八世纪，大多数美国人由于太过于警惕现代实证主义的制定法概念，太沉迷于将民众许可视为法律成立的基石，他们基于自身的殖民经历而对司法自由裁量权可能出现的专断和不确定性太过于担心和忧虑，以至于他们不会轻易地给予法官以独立权威，不会轻易地允许法官解释和否决由民众选举产生的代表所制定的法律。感到困惑、不知所措的詹姆斯・麦迪逊于1788年说道："这会使司法部门在实际上凌驾于立法机构之上，这从来就不是人们所期望的，并且从来就不是正当的。"〔8〕

如何解决这种尴尬局面？部分答案在于降低立法机构

〔8〕 Madison's Observations on Jefferson's Draft of a Constitution for Virginia, 1788, in Boyd, *Papers of Jefferson*, 6:315.

中民众代表的代表特性，并提升法官的民众代表特色。汉密尔顿在《联邦党人文集》第78篇中是这样解决这一问题的：他主张，法官有权审查至高无上的立法机构的法案，有权解释制定法，甚至可以否决它们当中的某些制定法，
53 只要他们确实认为这些制定法要么与联邦宪法、要么与州宪法相冲突。而且，法官是完全有权做所有这些事情的，因为立法者并不真正是民众，而只是一类具有有限代表权的公务员。汉密尔顿说，美国人并不想使“民众的代表以他们的意志来替代他们委托人的意志”。事实上，“更加合理的观点是，法院被设计的目的之一是作为介于民众和立法机构之间的中间体，从而把立法机构的权限限制在法定的范围内”。汉密尔顿也曾经提到：法官尽管不是选举产生的，但在充当民众的代表或者公仆这一方面，还是和立法者与行政官员很类似的，它有着与政府其他两个分支部门同等的实施民众意志甚至是创制法律方面的职责。而其他人在随后的岁月里则更为充分地阐述了汉密尔顿的理念。事实上，正是这种逻辑可能最终导致了许多州的法官由选举产生而非直接任命。如果法官是民众的代表，而不是立法者的代表，那么，他们应当由民众来选举，只有这样才具有正当性。

将法官重新定义为主权人民的代表，法官与立法者和

行政官员有着平等的权力，这就从根本上改变了美国司法机构的特征，并深深地影响着其在解释法律当中的角色和地位。法院成为独立自主的机构，与主权人民的关系使得它们看起来在创制法律方面有着与立法机构几乎相等的权威。这一转型的意义是深远的。〔9〕

在殖民地时期，法官本质上一直被认为是王室权威的附属物或延伸，而王室权威则具体表现在总督身上。法官是受制于总督或总统的，是次要的地方官。因此，许多殖民者总结道，实际上“只有两种权力真正存在于政府中， 54
即制定法律的权力和实施法律的权力。司法权力仅仅是政府行政部门的一个分支，一国的首脑就是第一行政长官”。〔10〕即使是约翰·亚当斯，在1776年也认为“最为重要的宪法性权力分支”是“立法权和行政权”，“司法管理权”属于“宪法规定的行政权范畴”。〔11〕

---

〔9〕关于近些年来试图将法院作为主权人民的代理人这一观念的含义解读出来，并将之应用于成文法解释问题上来，see Carlos E. Gonzalez, “Reinterpreting Statutory Interpretation,” *North Carolina Law Review* 74 (1996): 585 – 730.

〔10〕*Four Letters on Interesting Subjects* (Philadelphia, 1776), 21.

〔11〕[Adams], *Boston Gazette*, January 3:480 – 482. 27, 1766, in *Works of John Adams...*, ed. Charles F. Adams (Boston, 1850 – 1856). 3:480 – 82.

作为次要的法院执法官职务，殖民地法院对他们有着特殊的任职要求。一些人被任命为法官既不是因为他们上过法学院，也不是因为他们有着特殊的法律专门技能，而是他们的社会和政治地位以及影响力所使然。而且，作为地方治安法官，他们必然要参与政治和统治，其参与程度在今天看来是令人吃惊的。举例来讲，马萨诸塞州的托马斯·哈钦森（Thomas Hutchinson）并不是律师，其在十八世纪六十年代是该州高级法院的首席法官、副州长、议会议员，与此同时也是萨福克县遗嘱检验法庭的法官。即使在宪法诞生之后，法官作为执法官这一制度仍然长期存在着。在十八世纪九十年代，约翰·杰伊（John Jay）和奥利弗·埃尔斯沃斯（Oliver Ellsworth）在担任联邦最高法院大法官的同时，还履行着外交职务。在等候杰斐逊从法国返回的1789年，杰伊一人身兼国务卿和联邦最高法院首席大法官这两种职务。联邦最高法院大法官塞缪尔·蔡斯（Samuel Chase）认为，他以联邦党人的名义公开进行政治活动并没有什么不妥。国会在《1792年伤残病人养老金法》（Invalid Pension Act of 1792）中，将那些并无严格司法性质并且实际上要经国防部长和国会审查的联邦法院管理事务和法院执法官的职责授权由联邦法院确定。十八世纪九十年代，在联邦地区法院任职的28名法官中，仅有8名法官在他们的州中担任过高级司法职务，但几乎所有人都曾经是杰出的政治人物，曾参与过国家事务和大陆会议。 55
这些法官视他们在法庭上的工作仅为一般政治活动的延伸。他们其中一些人甚至在担任法官时，仍然继续发挥他们的政治影响力，在他们的选区内行使联邦党人的委任权。此类法官是政治权威，而不是职业的法律专家。〔12〕

然而，到了十九世纪早期，法官们开始去除他们传统上广泛而又不甚清晰的政治和执法官角色（这类角色曾经使他们被认为是行政机关的分支），并开始扮演更加专门化、法律化的角色。蔡斯那些在法官席上对陪审团做政治性长篇大论的行为，或者杰伊和埃尔斯沃斯在他们仍是联邦最高法院大法官时履行外交任务的行为都不再被人重演。甚至在1792年的"赫彭斯案"（*Hayburn*）中，联邦最高法院的几名大法官还抗议国会将行政性的和执法性的职责分配给他们，认为该做法违反了权力分立原则。法官退出政治，

---

〔12〕 Sandra Frances VanBurkleo, "'Honour, Justice, and Interest': John Jay's Republican Politics and Statsmanship on the Federal Bench," *Journal of the Early Republic* 4 (1984): 263-64, 269; Russell Wheeler, "Extrajudicial Activities of the Early Supreme Court," *Supreme Court Review*, 1973, 123-158.

促使法律作为一门为受过训练的专家所掌控的神秘科学而继续发展，并将法官的活动限定在日常的法庭审判当中，这样就使司法日益变得职业化，也更少受到来自陪审团的压力。

法律与政治的分野意味着法院如今倾向于避免那些最有争议性的、党派性的政治问题。马歇尔法院的成功之处就在于它从超前的、易受攻击的政治立场上撤退了回来，包括扩大对叛国罪以及普通法罪行的联邦司法管辖权的定义（联邦党人曾在十八世纪九十年代设法为这些问题的联邦司法管辖权圈定了范围）。尽管法官从政治中退了出来，然而，法院与此同时却试图将一些重要的、具有利害关系的问题纳入它们专有的司法管辖范围内。人们开始围绕着
56 什么是政治性或立法性的问题，什么是法律性或司法性的问题来划分界线，并通过权力分立理论来证明这一区分的正当合理性。有时值得注意的是，有一些制宪先贤曾不遗余力地证明他们有关分离司法权和立法权的这种新观念是正当的。早在1787年，亚历山大·汉密尔顿在纽约议会上就主张，除非因“通过正当的法律程序”的“国家法律”或议会新近颁布的法律所致，国家宪法阻止任何人被剥夺属于他自己的权利。汉密尔顿以一种令人惊异的、新奇的手法说道，正当的法律程序有着“精确的技术含义”：这

些语词现在“仅可适用于法庭审判的过程和诉讼程序，它们决不能适用于立法机构的行为”，即使立法机构已经制定了它们。〔13〕正如马歇尔在至关重要的马伯里（Marbury）案（这个案件帮助法院重新定位了自己已缩小但同时变得更为专有的权限）的判决中所说，有些问题就是政治性的，“它们涉及的是国家，而不是个人权利”，因此“它们仅受到政治上的审查”。但是，有关涉及个人既定权利的问题却是不同的。它们在“本质上是司法的，并且必须通过司法 57

〔13〕 Hamilton, Remarks in New York Assembly, February 6, 1787, in *The Papers of Alexander Hamilton*, ed. Harold C. Syrettet al. （New York, 1961 –）, 4:35. 汉密尔顿所阐述的观点当然不可能马上被采纳。譬如，北卡罗来纳州检察总长曾在1794年论证到，涉及正当程序和国家法的州宪法的某些条款并没有对立法机构加以限制，它们只是“宣布人们应关注他们的权利，不是反对议会代表可能篡权的权力，而是通过一个毫无依据的特权去反对一般性的压迫和篡位……”因此，这种主张——任何人的财产都不能被剥夺“但国家法律除外”，并不像汉密尔顿所说的那样专属于司法程序，而只是指“为北卡罗来纳州民众所有的法律，由他们自己的立法机构制定或采纳的法律”。Edward S. Corwin, “The Doctrine of Due Process of Law before the Civil War,” *Harvard Law Review*24（1911）. 371 – 72. 布莱克斯通曾写道，个人所拥有的绝对权利当中有一项就是“财产权：它包括在没有外来控制或减损的前提下对获得物的自由使用、享受和处置，国家法律保留的除外”——对布莱克斯通而言，此处的国家法律当然包括议会颁布的法律。Corwin, “Basic Doctrine of America Constitutional Law,” *Michigan Law Review*12（1914）:254.

机构进行审判”。[14]

将法律的范围界定于诸如财产权和合同这些问题上，有着将这些问题同那些易为大众所干预、易引起党派争论以及利益团体冲突的政治问题隔离开来的效果。解释宪法的权力问题就成为一件并非是由立法机构决定的政治利益问题，而是由法官单独解释涉及联邦政府事务的宪法性法律所适用的“确定原则”。在没有法院的保护以及普通法严密机制的情况下，美国的检察长、来自于宾夕法尼亚州的亚历山大·达拉斯（Alexander Dallas）于1805年甚至断言，“权利可能会永远没有救济，出现了侵权行为也不会有赔偿”。美国民众可能已不再指望由他们选举产生的立法机构来解决生活中的众多问题。“对于生活中不断变动的紧急事件，对于一个蒸蒸日上的国家之错综复杂的利益，立法机构制定的明确法律却解决不了任何问题。”[15]这看似是

---

〔14〕 *Marbury v. Madison* (1803), in *U. S. Supreme Court Reports*, ed. William Cranch (Washington, 1804), 166, 167.

〔15〕 Alexander J. Dallas, quoted in Richard E. Ellis, *The Jeffersonian Crisis: Courts and Politics in the Young Republic* (New York, 1971), 179; Michael Les Benedict, “Laissez-Faire and Liberty: A Re-Evalution of the Meaning and Origins of Laissez-Faire Constitutionalism,” *Law and History Review* 3 (1985) :323 –26.

对大众民主的严厉谴责，然而，只有将立法机构视为比法官更具民众代表性时才会做此评价。但是，汉密尔顿在《联邦党人文集》第78篇中，连同其他人恰恰对这一点产生怀疑。法官已经在美国文化中赢得了独立的地位和声望，这就使得他们能够做世界上其他国家的法官所无法做到的事情。

我之所以叙述这一段早期的美国史，乃是因为我认为它强调了斯卡利亚大法官所处理的问题是一个深深植根于我们历史当中的问题。同样，它可能并不像斯卡利亚大法官所暗示的那样容易得到解决。或许，司法自由裁量权和法官造法在过去三四十年间的增强只是程度上的变化，而不是性质上的变化。斯卡利亚大法官可能相信“这种看法 58
——即法律的实际含义就是它应该具有的含义，并由非经选举的法官来决定含义的具体内容——无论如何都与民主理论不相契合”。然而，不管好坏，自美国成立以来，法官就行使着这样一类被认为是不民主的权力。从“民主”这一词语的任何传统内涵来看，我们从来就没有过纯粹民主的政府制度。基于这一原因，从一开始，杰斐逊等优秀的民主多数主义者就不喜欢法官和法官所行使的权力。

尽管斯卡利亚大法官十分愿意保留普通法，以便对大众民主予以或多或少的、适当的限制，但他真正想做的事则有关法官造法。真正使他对目前司法自由裁量权的过度行使感到烦心的，或者至少他在演讲中选择集中论述的，则是一个方向问题——法官对普通法看法或心态已经被带入成文法解释的舞台上来了。毫无疑问，这一问题极其重要。不过，在我看来，这只是我们美国人对法官的问题的一个方面，而这可能更多只是问题的现象而非成因。然而，或许因为它是斯卡利亚大法官实际所能影响的一个方面，所以他希望引起我们对它的关注。

我提出一些有关成文法解释的问题。首先，让我感到迷惑不解的是，斯卡利亚大法官对普通法解释和成文法解释所做的区别是否过于明显？在任何一个普通法法系国家中，成文法解释看起来必然呈现出普通法解释的许多特征。我不是一个法学家，但我有这种感觉，英国的普通法法官在解释议会成文法律法规的过程中，试图使它们融入到法律的主体当中来。进而，在英国的法学中，知晓法律法规的正文并不等同于掌握了法律。因此，即使是在没有明确的司法审查传统，且人们虔诚地坚信议会主权的英格兰，对法律文本进行司法解释也需要关于整个法律体系的广博
59 知识，并且还会涉及连续不断地进行新的法律内涵的创造

活动。这就是为什么英国的法官们被指责像一个立法者那样创制法律的次数几乎和美国法官一样频繁。

在英语世界中，所有的立法机构一开始都是作为法院来制作判决的。我们所认可的立法和司法之间的鲜明区别只是现代的产物。这种区别本质上到了十七和十八世纪才出现在英美国家的思想当中。正如殖民地时期的法官认为他们自身乃是行政长官的工具，执行着行政的和执法的职能一样，立法机构也时常认为他们是一类法院，作出类似于司法的决定。实际上，十八世纪八十年代晚期，各个州的立法机构都深深地卷入到我们认为是专属于司法的事项，干预私人诉讼，推翻法庭判决，拖延判决之后的执行。

在立法性事项和司法性事项之间模糊不清的这种情形背后，有着一段很长的历史。议会最初被称为议会高等法院，马萨诸塞州的立法机构过去被称为（现在仍被称为）普通法院（General Court）。议会的法律法规或者马萨诸塞的海湾殖民地普通法院所制定的法律实际上就是国家最高法院的判决。同样的，这些法律法规就是对普通法的修正或更改。正是因为它们是对普通法的修正或更改，所以它们必须根据普通法的其余部分以获得效力。而且，下级法院的职责就是留心它们的所作所为。正如柯克大法官在

1610年著名的“博纳姆案”（*Dr. Bonham*）中所说，如果一部法令的结果是违背普通法的理性（例如，允许一个人作自己的法官），那么，普通法将会审查它，并裁定这样的法律是无效的。他说，如果议会在这种特定情况下意识到它所创造出来的法令是不公平的，那么，作为最高法院，议会可能会做同样的事情。此外，在做出这一判断的过程
60 中，柯克很乐意设法评价议会在制定该法律时的立法意图。

当然，随着议会主权和实证主义的法律观念在十八世纪的出现，英国的法官们不再像柯克那样宣称，他们有资格废除议会制定的法律。但是，像W. M. 吉尔达特（W. M. Geldart）和其继任的编者们在其权威性著作《英律要义》（*Element of English Law*）中所指出的那样，英国的法官们一直以来宣称，他们可以通过使议会制定的法律契合于整个法律体系这种方式来解释议会制定的法。〔16〕因此，尽管英国的普通法法官不得不向议会主权低头，但是在成文法解释方面，他们还是有异常广阔的空间。而且，正如布莱克斯通指出的，在解释法律方面，已经有制作好的法

〔16〕 W. M. Geldart, *Elements of England Law*, 6th ed., rer. William Holdsworth and H. G. Hanbury (London, 1959).

则供法官遵循。这种法则，汉密尔顿在《联邦党人文集》第83篇中称之为“常识规则，它们是由法院在解释法律的过程中采用的”。这种传统的、英国式的解释资格绝不是任何意义上的美国的司法审查，然而它是高于司法被动性的某种事物。所有这些向我表明，为什么英国和美国的成文法解释会涉及很多普通法式的司法解释？其症结就在于根深蒂固的历史原因。

我认为斯卡利亚大法官将成文法解释问题同宪法解释联系起来是正确的。因为在我看来，司法审查发展过程中最为重要的要素就是将宪法视为一部法律，它毫无疑问是一部超级法律，但不过是一部可以在普通法院系统内加以解释的超级法律而已。杰斐逊和麦迪逊等制宪先贤们倾向于将宪法设想得如此重要和令人敬畏以至于不可能受到普通司法解释的限制。这是一系列重要原则：所有的政府机构都有权来解释。所有的政府分支机构都有麦迪逊所称的 61
“一种解释宪法的同时并发权（concurrent right）”。〔17〕当几个机构对基本法（fundamental law）做出不同理解时，麦迪

〔17〕 Madison, “Helvidius No II” 1793, in *The Writings of James Mmadison*, ed. Guillard Hunt (New York, 1900 - 1910), 6:155.

逊在《联邦党人文集》第49篇中写到，“诉诸民众本身……就能够单独地宣布其真实的含义，然后强制人们遵守它”。

然而，其他制宪先贤则瓦解了基本法与一般法（ordinary law）的古老区别，这在马歇尔法院的判决中达到了顶点。这一过程被恰当地称作“基本法的法律化”。[18] 这些制宪先贤们将一个充满令人敬畏的重要意义和奇迹的对象驯服到可以在普通的法院系统内被常规地予以解释的程度。他们将宪法这一较高位的法律带到了普通的法律领域内，并使它受制于法律解释中长期有效的法则，仿佛它与低级的法律并没有什么区别。实际上，所有传统上由普通法法官根据宪法对普通的法律进行法律解释的广泛权力，现在均已可以被应用于宪法本身。如今，美国的法官已能够利用布莱克斯通所提出的对象、意图、上下文和合理性等解释法则来解释宪法中那些过于简单（all-too-brief）的语词了，仿佛它们就是一部普通的法律当中的语词一样。

这让我们回到斯卡利亚大法官所述的成文法解释问题上来。斯卡利亚大法官强调美国法官如今行使自由裁量权

---

〔18〕 Sylvia Snowiss, *Judicial Review and the Law of the Constitution* (New Haven, 1990), 64.

的程度异常地突出，并强调该权力的危害性。这肯定是对的。但是，正如我所力图表明的那样，该权力是我们的法律和司法文化产生历史巨变后的产物，而我们的法律和司法文化已有二百多年的历史了，并且这些变化并不可能被轻易地废除。斯卡利亚大法官对法律解释的文本主义的补救看起来几乎无法与问题的严重程度相匹配，并且实际上可能毫无作用。斯卡利亚大法官所界定的文本主义，在我 62
看来，同样是允许专断的司法自由裁量和扩张并对其开放的，正如运用立法意图或其他解释方式一样。假如熟悉文本的法官有这样的倾向的话，其最终的结果看起来就是，并没有简单容易的方法来限制法官的解释权，除非改变法官自身的看法（实际上，在我看来，改变司法文化正是斯卡利亚大法官的演讲之目的所在），或者只任命那些有着你所希望有的看法的法官。

也许法官任命程序的持续政治化最终将会使我们重新评估混合法律和政治的危险性，进而使我们重新强调判决的法律专业性和科学性的一面。马歇尔于十九世纪早期将法律从政治中明确地分离出来乃是其成功的秘诀，将来也可能会出现类似的发展。这并不必然意味着法官地位在我们宪法制度中的降低，但可以肯定的是，对法律技术的重新强调可能会限制他们直接承担那些明显是政策性的问题和政治性的争端。但首先我认为，我们必须彻底改变一下法律现实主义某些归谬法的倾向，并重新神秘化律师和法官的某些所作所为。困扰斯卡利亚大法官的司法问题的真正源泉在于我们对法律的去神秘化。这种变化实际上是在二十世纪中所有权威机构都经历过的普遍去神秘化的一个方面。

对于我们当中的大多数人来讲，我们的政府仍然是一个法治的政府，而不是一个人治的政府。我认为任何人都不希望法律的内容取决于法官在某一个特定的日子里碰巧感觉到它应当是什么样。即使是那些希望扩大法官造法作用的法学家也不愿意太公开、太明确地提高这一作用。在
63 这种不情愿当中，蕴含着某种公正法学复苏的希望。

评论·二

comment

劳伦斯·却伯
Laurence H. Tribe

哈佛法学院拉尔夫 · 泰勒(Ralph S. Tyler)宪法讲座教授，著有《解读宪法》(On Reading the Constitution)《堕胎：绝对的冲突》(Abortion: The Clash of Absolutes)《美国宪法性法律》(American Constitutional Law)《上帝护佑法院：最高法院大法官们的选择怎样塑造了我们的历史》(God Save This Honorable Court: How the Choice of Supreme Court Justices Shapes Our History)《宪法性选择》(Constitutional Choices)，毕业于哈佛大学，获哈佛法学院博士学位。

斯卡利亚大法官认为普通法的解释方法在解释法律和宪法文本方面没有产生多少积极的影响。在这里，我不想对斯卡利亚大法官的这一观点作整体性的评价。更确切地说，我会将重点集中在宪法解释的问题上，在这一点上谈谈我与斯卡利亚大法官演讲论题中的相同观点、不同观点以及疑惑之处。

首先，我谈谈认同斯卡利亚大法官的主要领域。与他一样，我认为当我们问及一部“法律文本”的含义时，即法律的命令、允许以及禁止性规定时，作为一个历史问题，法律文本经历了起草、颁布或批准的过程。但我们没有必要去探寻（显而易见的情况除外）特定参与人的主观观念、意图或期望。不可否认，这些因素如果能查明的话，可能会使某些原本模棱两可或令人迷惑的词语或短语的含义清晰起来。因为这些因素有助于我们这样的读者分析当初采用上述语言或短语的人可能会作何种“诠释”，从而理解其中的含义。但是这样的想法与理念并不能代替实际上“制定”的法律。和斯卡利亚大法官一样，我也对某些

法官、律师或其他人的这一论断感到惊讶，他们竟认为法律文本只不过是反映立法者本意的有趣文件证据。还有一
65 点与斯卡利亚大法官相同，我无法赞同这一主张：在任何情形下，一个人应有法定义务去遵守另一个人单纯的愿望或想法，或者有法定义务按另一个人单纯的期望或疑虑而行事。

斯卡利亚大法官并非总是信守这种观念。例如，他认为，由于宪法第五和第十四修正案中的正当程序条款规定，不经正当法定程序不应被剥夺生命，以及宪法第五修正案中的大陪审团条款规定，不经大陪审团审理，任何人不应受死刑指控。因此，死刑不可能是违宪的。[1] 我自己在死刑的合宪性问题上还没有得出任何最终的结论。我只想提醒，只有人们认为下述观点是决定性的，即 1787 年到 1791 年之间的宪法制定和批准过程以及 1868 年宪法第十四修正案的明显预期是，死刑将永远不可能被认为是宪法第八修正案所规定的“残忍和不正常的刑罚”，斯卡利亚大法官的结论才“遵循”了他所引用的依据。不过，在斯卡利亚大法官看来，主观的预期不能被认作是宪法的一部分。因

〔1〕 *See* Scalia, “Common-Law Courts in a Civil-Law System,” p. 46.

为只有文本的含义，才能合理地影响宪法解释，而不是未被颁布的起草或批准宪法的人的预期和假设。

让我们以斯卡利亚大法官的话为例，尽管在他的宪法理论中存在反例，假定他的确和我一样坚信：具有法律约束力的是文本的含义，而非任何人的预期或意图。对斯卡利亚大法官而言，这一认识直接导致他将自己认为正确的解释路径与受进化意识形态的女妖迷惑而步入歧途区分开来。于是斯卡利亚大法官认为“宪法解释的分水岭”即为 66
原始含义（无论是否源自制宪者的本意）与当下含义。[2]他提议在探寻文本解释时采用两分法：一种模式既不过于严格也不过于宽松，而是（按照他的观点）合理地探寻“文本的原始含义”，即“宪法文本最初是被如何理解的”；另一种模式（他将此描述成“盛行”于学术界，也许盛行于律师与法官间）寻求的（实际上，他用的是“创造”这个词）是任何能够最好地“满足一个变迁社会需要”的“含义”。[3]前一种模式组成了审判活动；后一种模式则将立法活动伪装成审判活动。

〔2〕 参见前引注，第38页。

〔3〕 同样参见前引注，第47页（批评将宪法变成一个“变动的”文件的观点）。

这是一种令人熟知的两分法，已经引起了广泛的评论。例如，罗纳德·德沃金在他以前的著作中〔4〕及在对斯卡利亚大法官演讲的评论中都有所反映。这些评论认为，斯卡利亚大法官没有辨明真正的“分水岭”。在德沃金看来，我们全都是语义上的原旨主义者，都在探求文本的原始意义。不过，在很多时候，我们都错误地将重点集中在探求文本的制定者或颁布者所颁布文本的意图或期望的实际效果或后果上，而不是集中在他们通过颁布这一文本所想要“表达”的内容上。因此，在德沃金看来，斯卡利亚大法官的错误也许不在于他将注意力集中于1787年至1789年制宪者或1868年宪法第十四修正案制定者的意图，而是错在将注意力放在了那些错误的意图上，错在关注那些人意图要做什么而非关注他们要“表达”什么。德沃金继续论述道，至少他人在言论自由、正当法律程序等较抽象层面
67 的表述明显是一种原则性的陈述（这些原则的具体适用将通过他人的长期实践而得出）而非范围明确的政府行为规定（比如，以内容中性和严格适用的方式来限制言论的时间、地点或方式）和禁止性的规定（比如，出版审查）。

〔4〕 *See* Ronald Dworkin, *Law's Empire* (1987).

因此德沃金认为他自己，而非斯卡利亚大法官才是一个“真正的”原旨主义者。

我当然同意德沃金的部分批评意见。例如，几乎和所有人一样，我同意最高法院在1954年关于公立学校种族隔离政策违背平等保护原则的判决，正确地解释了宪法第十四修正案所要表达的含义（这也是一再被提及的），即使这一解释很可能与修正案制定者和批准者当初的期望大相径庭。[5]的确，我认同的是，制定者和批准者自己可能打算制定这样一个条款，该条款由于其概括性的内容和不确定的范围，结果会导致惩罚一些在后来他们可能认为完全是正当合理的行为。像德沃金和很多人一样，我认为宪法的某些条款（包括在“布朗案”中，那条宣告违反“法律的平等保护”的条款）是作为相当抽象的原则而制定出来的，而其他条款则是相当具体的规则。

但我不能认同德沃金教授与斯卡利亚大法官两人的观点是，他们认为可以通过正确运用历史、心理学等工具，或通过查阅传记、经验材料等方法了解法律制定者当时的

---

〔5〕 *See* Robert. H. Bork, *The Tempting of America*, 75－76, 82 (1990)（支持布朗诉教育委员会案的结果，他认为批准第十四修正案的人并不会认为隔离政策是不合法的）。

真实意图，或通过研究其所运用的语言，就能够“发现”何种条款属于何种类别。我也不能认同，宪法条款或语句在抽象或一般性层面上，对于聪颖的读者或上述方法的使
68 用者来讲通常十分清楚，或者确实总是已经被特定团体在当初想要表达的那一内容所决定。最后，我不认同宪法条款能够简单地被划分为两种不同的类型：其一为灵活的、概括的关于原则的抽象陈述，并且仅在道德哲学的范畴中运用；其二为过时的、静止的、具体的规则，这些条款的适用不需要读者运用太多的道德判断。

举例来说，那些制定宪法第一条对于州和联邦的禁令，即“剥夺公权法案”〔6〕的人，或者那些批准这一法案的人，如果被问及这一问题，他们很可能会说，他们主要的意图是想描述并禁止这一类很具体的制定行为。通过这一行为，立法机关可以将特定的个体指定为国家的敌人加以放逐或宣判死刑，而不是禁止任何像“经法律审判”这样宽泛和抽象的程序，因为“经法律审判”可以被理解为代表机关向特定阶层民众施加对生命、自由或财产的可耻剥

〔6〕 U. S. Const. art. I，9，cl. 3；art. I，10，cl. 1.

夺所运用的一切程序。〔7〕当然，我同意最高法院对限制政府与联邦权力法案的解读，它阐述了上述的“禁止”方式，并将它与审判的正当程序、与分权相联系，而不是仅仅禁止当初制定和颁布这一法案的人心中所想要禁止的特定的、令人憎恶的古老举措。〔8〕严格说来，当初制定与颁布这一法案的那一部分真实意图，在某种程度上，我们永 69
远无法得知；从另一个角度来说，也无关紧要。通过他们的行为而颁布的文本，在随后世代解释的历史之旅中，时刻在探寻一部不断修正的完整的宪法文本，这一文本到底是什么含义，在很多方面都很复杂，难以道清。但肯定的是，它并不明确。无论如何，将“剥夺公权法案”的禁令仅适用于1791年那些人所打算适用的特定种类的刑罚，并且将宪法解读为允许在功能上不可识别，但不太符合典型

---

〔7〕 *See* John H. Ely, Note, *The Bounds of Legislative Specification: A Suggested Approach to the Bill of Attainder Clause*, 72. Yale L. J. 330 (1962)（吸引了众多读者）。

〔8〕 *See* Laurence H. Tribe, *American Constitutional Law* 10－1 to 10－6 (2d ed. 1988). 比较斯卡利亚大法官在“Common-Law Courts in a Civil-Law System”中通过“局部代表全部的方式”用“言论和出版”来代表“传播”，第38页，包括1791年为人所知的方式，前引注“手写信件”和那时难以想见的方式，前引注，第45页（比如闭路电视）。

模式的立法行为，会在宪法的立法审查保护机制上制造缺口。这样做的原因并非出于对在制宪过程中所审慎达成的任何妥协的尊重，[9] 而仅仅是因为宪法文件的制定者在谈论一种历史上可以得知的、他们很可能认为应当禁止的行为种类时，“碰巧”描述了某一种滥用形式。在此情况下，我要说的是，就像宪法第一条中关于国会建立和维持一支军队和海军的权力的内容不应被理解为否定国会创建空军的权力；就像第一修正案规定的保护“言论和表达”不受“国会”剥夺不应被理解为否定或限制其免得到来自行政和司法部门的保护，也不应被理解为它不保护电影、雕塑或思想本身——同样，关于宪法第一条中的剥夺公权法案，虽然它是禁止性而非授权性的，但也不能被解读为允许法律可以包含这一法案中的全部禁止事宜，尽管以上这些都没有太多历史资料来证明。

70 因此，或许其他宪法条款也被倾向于理解为只作出了狭义的规定而非同时提供了宽泛原则，包括第二修正案看

---

〔9〕 当此类有意的妥协构成了宪法漏洞或不一致的基础，如在没有与违背合同义务的州法律相匹配的联邦法律时，对文本及结构的忠诚，自然地驱使我们在解释文本时，倾向于尊重这些妥协，而非寻求“改正”这些“缺点”。

起来是基于州民兵组织的（state-milita-based）关于“持枪权”的条款，[10]第三修正案看起来是对抗“士兵驻扎”的有限和特定保护，[11]第四修正案看起来是对几种特定的搜查与拘捕行为提供有限程序保护。[12]

首先要决定的是，哪些条款可以作为有创造性的、更广泛或更深入的宪法原则，而不是仅适用于特定的对象。然后要决定的是，什么样的原则性条款应当被制定出来，不论这些条款是单独解读还是与其他条款结合起来进行解读。这项工作并不是随意地被当作一种练习来进行，而是很庄严的，是一次有历史意义的重建；不是简单的颠覆，而是深入人心的解读。为了防止这一任务在某些人那里成为在宪法解释大旗下强加个人观点或价值观的牺牲品，必

〔10〕 *See* Sanford Levinson, *The Embarrassing Second Amendment*, 99 Yale L. J. 637 (1989). 有趣的是，斯卡利亚大法官似乎乐于认为第二修正案体现了他所指的“自卫权”原则，尽管这参考了序言中国家防务的规定。“Common-Law Courts in a Civil-Law System,” p. 43.

〔11〕 如果不对具体细节作出规定，享有不为士兵提供住宿的权利可能就显得没有意义。*See* Griswold v. Connecticut, 381 U. S. 479, 484 (1965)（观察到第三修正案是隐私的“另一重面相”）。

〔12〕 *See*, eg. Akhil Reed Amar, *Four Amendment First Principles*, 107 Harv. L. Rev. 757, 785 (1994)（讨论第四修正案对“人民享有的人身权、财产权、出版自由等权利”的切实保护）。

须认识到任务的艰巨性。必须避免这样的托辞，即它可以被缩减为一种“发现”解释的消极过程而不是“构建”
71 它，必须遵照宪法的整体性及其解释的历史，摒弃那些其对宪法文本的解释值得采纳的、不假思索的借口——那些借口可能既不全面也不具有决定性。

在德沃金教授与斯卡利亚大法官之间，无论在解释路径上有多么确定无疑的界限，他们的共同点恐怕在于：在一个不可盲目自信的论题面前，没有坚持那种直率与谦逊的原则。正如我所指出的，斯卡利亚大法官的错误就在于他自信地宣称自己明白了“言论自由”这一表述在当时的含义——通过举例表明，与“剥夺公权法案”相比，“言论自由”的表述似乎要更广——因此今天也应如此理解，不要参照任何反对政府审查的原则，而应参照英国人在 1791 年享有的权利。〔13〕同样，我认为德沃金教授的错误在于他以同样的自信宣称要理解这一表述的含义，我们今天必须参照一项广泛的道德原则才能加以阐释。我认为他们共同的错误在于他们对结论的自信：一个世纪或两个世纪前，人们事实上对特定语句的理解是多么不同；以及在谁的理解是准确的

〔13〕参见下文第 28 – 29 条注释及下文。

这一问题上所表现出来的那种过于自信的态度。[14] 最重要的是，他们自信地坚持认为自己知道那一历史事件所产生出来的条款表达的是一项具体规则还是一项抽象原则。

在否定了两位可敬的思想家真诚的（但是误入歧途的）定论之后，我把自己陷于受指责的处境中，因为我没有自己真正的“理论”来准确定义文义解释“应该”如何 72
进行（至少没有一个全面且统一的，可以用一个词汇来概括的理论）。可能有人会说，批评总比建构来得简单。如果是这样的话，没有新的理论就没有办法批评一个哪怕是很糟糕的理论。鉴于我已经在过去数年间提出（并重新思考）了许多具体的解释，因此将我的法律观念汇成体系，并交由大家评判，得出解释中的最终规则只是时间上的问题。

现在，也许是永远，我会有尊严地拒绝这一诱惑。（我很怀疑有颠扑不破的最终“规则”的存在。洞察力和远见，有；规则，没有。）但乐意承认对为文义解释提供“怎样做”

---

〔14〕 德沃金教授对斯卡利亚大法官的评论认为，他会将注意力集中在那些制定或投票通过那些文字的人对那些文字的不同理解上，而斯卡利亚大法官也许会将注意力集中在那时有理性的公民会作何理解上。在他早年的著作中，德沃金教授提出了更为精致的（我相信，也是更有说服力的）的理由。参见，德沃金，前引注4，第317－338页，第361－369页。

的指南无能为力，不应混淆于对于提出“怎样不做”的主张方面无能为力或不情愿。这一主张已经在上文阐述，并将在下文展开。正如我会阐释清楚（如果现在还没有），我一定不会把宪法看作斯卡利亚大法官所比拟的，是一种由神秘的有机体所控制而“生长并变化”的事物。〔15〕我也不会将宪法看作这样一种事物：那些偶然发现的让人惊奇的新含义（比如，种族隔离制是违宪的，或者法令禁止早期堕胎是违宪的）实际上没有表达什么新的内容，而是像德沃金教授认为的那样，是我们可以利用宪法制定者或批准者实际上在若干年前就提供给我们的素材，通过简单的（有时也可能是复杂的）推理过程就可以找到的关于原则问题的正确答案。〔16〕在我看来，确认宪法文本含义的过
73 程，要比上面描述的两种情形更为复杂。

为了清楚地说明我与斯卡利亚大法官在其他方面有哪些具体的相同之处，我要多谈谈我们对形成联邦法律这一过程所共持的一些想法的主要理由。如果一项国会法案被

---

〔15〕 Scalia，“Common-Law Courts in a Civil-Law System”，p. 38. 参见第 53 – 57 条注释及下文。

〔16〕 在这里我提到了德沃金教授对斯卡利亚大法官的评论。他在他的名著 *Law's Empire* 中有更为精彩的论述，在此我不打算详述。

认为具有X含义，但是某些法律文本外的证据显示，参议院或众议院中一个或多个立法者会希望、期望、假定或担心颁布的法律具有Y含义。这时，赋予这些证据以法律效力，使法案的含义由X向Y转变，就等于规避了宪法第一条规定的联邦法律制定所应遵循的唯一程序。因此，在对国会的沉默进行解释出现误读的时候，〔17〕我常常更多地将反对的理由指向国家立法的宪法结构，而非一般性的认识论方面的观察，亦非指向在我看来明显是有疑问的而在斯卡利亚大法官看来却是正当无疑的命题上，〔18〕即法官倚重“立法意图”，这更像是在服从法律的名义下将他的意图强加于人，而非法官宣称的倚重所给定的文本看似“明白无误”的意思，或者如法官所宣称的那样倚重文本的“原始含义”。

当我们要对宪法而非联邦法律进行解释时，不得将探寻制宪者的主观意图作为合理的解释方法（尽管制宪者的“意图”在德沃金教授看来就是制宪者想要表达的含义），

---

〔17〕 *See* Laurence H. Tribe, *Toward a Syntax of the Unsaid: Consruing the Sounds of Congressional and Constitional Slience*, 57 Ind. L. J. 513 (1982); Laurence H. Tribe, *Consitutional Choices* 29 – 44 (1985).

〔18〕 以斯卡利亚大法官1995年3月在坦纳讲演上对他的评论人的回应为基础。后面所提到的都是坦纳讲演上的回应。

其中的原因更为复杂。因为在法律解释者看来，宪法第1条为调整政府行为的宪法性法律的合法性提供了权威依据，因此他们可以将未表达和未公开的想法解释到经国会两院批准和总统签署的法律文本之中。[19] 但是在宪法解释者看来，在解释宪法本身时却并不存在类似的权威依据。

74 以宪法的规定为例，按照1787年在费城制定的宪法第7条的规定，制宪会议通过的宪法应由各州批准。这一宪法条款顶多是告诉我们13个州中有9个州批准宪法就足以满足在“已经批准”的各州中“生效”。但是却无法告诉我们，当然也不可能告诉我们的是，如何精确地计算批准的情况，或者如何准确地理解一个州怎样才算是批准了宪法，或者说一个州为什么要依据宪法第7条批准宪法。无论是将批准程序作为宪法条文成为第6条所宣称的“具有最高法律效力”的充分还是必要条件，该程序显然与随后适用的联邦条例所规定的修改程序不同。[20]

---

〔19〕 参见宪法第1条第1款（两院制）。同样参见宪法第1条第7款（议案的提出）。

〔20〕 邦联条例第8条规定，“任何修改”都应获得州立法机构一致同意。Articles of Confederation and Perpetual Union art XIII. 相较而言，宪法第7条则规定：经过9个州的制宪大会批准后，即在批准本宪法的各州之间开始生效。U. S. Const. art. VII.

与此类似，对于根据宪法第5条提议并批准的宪法修正案，宪法顶多告诉我们，那些根据这种方式批准的修正案“即作为本宪法的一部分而生效”。[21]但是宪法并没有，75
同时也无法以真正确定性和权威性的方式告诉我们，由国会或宪法第5条中的制宪会议提议，并通过宪法第5条的批准程序批准的“修正”内容是什么。在我看来，并不能得出结论说，第5条或其他宪法条文就是确定无疑的。比方说，认为经批准的第一修正案或第十四修正案文本是“最高级的法”；或者认为经批准程序而成为最高法的此类条款（不论依据斯卡利亚大法官还是德沃金的定义）具有唯一的“原始含义”；或者认为经批准而使一堆文字、观念与思想“宪法化”了。在这些观点中选择何者才是“宪法”和具有约束力的宪法性文件，必须跳出宪法文本来审视。

得出这一也许会令人失望的结论的重要原因之一是，

---

〔21〕 参见宪法第5条。正如我在其他地方回应阿克曼和阿马教授时所论证的，第5条也应被理解为，通过任何其他方式推出的修正案不能和“作为宪法组成部分的……（修正案）”有类似的效力。*See* Laurence H. Tribe, *Taking Text and Structure Seriously: Reflections on Free-Form Method in Constitutional Interpretation*, 108 Harv. L. Rev. 1221 (1995).

无论何时，当我们试图依据任何文本中的内容来使某种特定的探寻文本含义的方法正当化时，都会面临简单但严重
76 的自我溯源问题。〔22〕即使在试图“证实”一个看似清楚无疑的命题，比如文本可以以英文而非其他别的方言或是某种复杂的密码来理解，我们也不可能仅引用原文来证明它的意思，无论有没有补充材料来协助解释原文。甚至一个像“本文需要参阅《牛津英语词典》辅助阅读”这样的句子，也会与大部分读到这一句子的人所认为的意思大相径庭，除非有人将正在讨论的句子所要遵从的解释规范明示出来。

尽管我并不像斯卡利亚大法官那样认为宪法文本应置之首位并应作为根本的出发点；认为与文本不相容者都不可正当地被认作是宪法的组成部分；认为宪法的一些部分并不适合受到完全不同的解释，我并不认为这些都是经过

---

〔22〕这让人想起一则故事来。在一则关于海龟的故事中，一个学生在一个探讨世界基础的演讲中断言，“世界其实是在一只巨大的海龟上的”。教授问，“那么海龟又站在哪里呢？”学生回答说：“站在另一只更大的海龟身上。”“那么这只更大的海龟又是站在哪里呢？”“噢，站在另一只海龟身上。” *See* Roger C. Cramton, *Demystifying Legal Scholarship*, 75 Geo. L. J. 1, 1–2 (1986). 关于无限倒退的问题，*See* Douglas R. Hofstadter, *Gödel*, *Escher*, *Bach* 20–21 (1979)（呈现了多个经典的关于自我溯源的智力游戏）。

严格推敲的结论，或者将它们与常识相混同。〔23〕文本本身肯定没有宣称宪法文本是唯一的或最终的参照系。即使有，这样一个自我参照的主张也会产生不断溯源的问题，〔24〕而 77
且会遗漏我们最初的那个问题：怎样查明文本的“含义”？

宪法的确有一个条款是用来直接指引读者如何解释文

〔23〕 例如，第3条规定刑事审判应在“犯罪行为地所在州”进行。见宪法第2条第3款。该项规定表面看起来在结构上构成了宪法的组成部分，因此，无论是被告还是政府都要遵循。然而在最近发生的俄克拉荷马爆炸案中，被告成功地将审判地从俄克拉荷马转移到了科罗拉多。地区法官的结论是“参与俄克拉荷马案的受害人的利益大于法院通过审判确保基本公正的义务”。*A Trail Moves to Denver*, Washington Post, February 22, 1996, at A24. *See also* Thomas C. Grey, *Do We Have an Unwritten Constitution?*, 27 Stan. L. Rev. 703 (1975)（论证除了成文的宪法外，还存在着一个隐含于先例、实践和习惯性道德中的不成文宪法）。有关类似的努力超出第5条设定的修正程序含义之外的讨论和批评，参见Tribe，前引注21。

〔24〕 将此与法院对商业合同的审判相比较，商业合同的文本包含了整个合同。*See*, *e.g.*, Baxtex Healthcare Corp. v. O. R. Concepts, Inc., 69 F. 3d 785, 790–91 (7th Cir. 1995)（结论为如果合同的表面意义是整个合同的完全表达，就被推论为可以替代所有在先的讨论）；Executive Leasing Corp. v. Banco Popular De Puerto Rico, 48 F. 3d 66, 69 (1st Cir. 1995)（反对在各方之间构成整个合同的非固有证据）。将这些整体性条款解读为无误的，避免了自我溯源的困惑，是因为这些条款的强制本质并不像表象那样存在于合同中，而是存在于规范这些文件的合同法背景中。*Cf.* Ogden v. Saunders, 25 U. S. 213 (1827) ("obligation of contracts" protected from state legislative abridgment by Article I, 10, cl. 1, is grounded in positive law of the state itself).

本的。这一条款就是宪法第九修正案。它规定，“本宪法对某些权利的列举，不得被解释为否定或忽视由人民保留的
78 其他权利”。〔25〕这种内在指令的本质约束力应该是一望即明的，即使某些人并不能完全明白一些实际的争论，如谁是这一指引的对象（只是联邦政府，还是包括了州政府?）；什么样的行为应被算作“否认或忽视”各种权利；某些“权利”是否包括联邦宪法的权利或仅仅由州创设并

〔25〕 宪法第九修正案。另一个仅有的为“怎样解释宪法”提供指引的条款是第十一修正案，它表明合众国的司法权不应被解释为可以扩展到受理他州公民或任何外国公民或臣民对合众国一州提出的或起诉的任何普通法或衡平法的诉讼。在 Chisholm v. Georgia，2 U. S. 419（1793）一案中，最高法院持的观点是，只因为案件发生在“一州与另一州的公民之间”，包括在第 3 条所列举的争论之列，所以当外州居民在联邦法院起诉该州时，该州会自动丧失所有其他的豁免权。这就是对第 3 条的过度解读，未以它的文本或结构作为依据。第 11 条是对第 3 条模糊不明的结构的颠覆，由此重建对这一条的理解。参见 Tribe，前注 8，3 - 26，第 185 页。尽管我强烈地认为第十一修正案只是对第 3 条的结构规则，不能作为限制国会立法权的依据，例如，在最高法院审理的 Florida v. Florida，1996 WL 134309（No. 94 - 12，Mar. 27，1996）案中，斯卡利亚大法官是多数派，显然将第十一修正案看作对国会权力限制的独立因素。参见 1996 WL 134309，at * 14. 在我看来，法院并未对苏特大法官巧妙的反对理由作出充分的回应。苏特大法官认为“自从合众国建立之日起，国会便无权依一个公民声称的联邦权利而使某州受联邦法院审判权的管辖”，这就巧妙地推翻了多数意见。*Id.* at * 30（苏特大法官的反对意见）。

由州政府保护实施的权利;〔26〕“保留的”权利是应被理解为与1791年（宪法修正案批准之日）相似的一组封闭的权利体系，还是各州可以根据不同的解释原则加以扩展的开放体系。〔27〕

因此，宪法第一修正案规定的“国会不得制定法律……限制言论自由”条款，斯卡利亚大法官坚持认为应被解读为一个静止的状态，即要求国会不应剥夺英国人当时 79
所拥有的言论自由。〔28〕我只能对他表示敬佩，敬佩他通过运用他们的语言风格，运用“原文”，就明白了那一庄严承诺的正确含义。显著的一点是，美国自从与英王决裂后（1776年，而非1791年）存在相当多的制度空白，其真实含义在于制定一部相当有限度的自由法典，这既不是从大西洋彼岸的英国兄弟处，也不是从美洲殖民者那里学来的。

---

〔26〕 这种观点显然是斯卡利亚大法官所持有的，即第九修正案只谈到州创立并执行的权利，See Calvin R. Massey, *Federalism and Fundamental Rights: The Ninth Amendment*, 38 Hastings L. J. 305 (1987). *But See* John H. Ely, *Democracy and Distrust* 38 (1980)（认为第九修正案“意在指出在宪法列明的权利背后存在的联邦宪法的权利”）。

〔27〕 斯卡利亚大法官加入汤马斯大法官等四人的反对意见，即将“各州或人民保留的”第十修正案解释为一个开放的、不确定的体系。*See Id.* at 1878（托马斯大法官的反对意见）。

〔28〕 Tanner演讲上的回应。

斯卡利亚大法官相信哪一宪法条文或指令会需要甚至支持这样的推测呢？[29]

这并不是说，德沃金对于相同的文字所进行的恰恰相反的解读就具有说服力，因为德沃金认为这些文本自身明显地意图制定一项宽泛的道德原则。虽然我也读出宪法第一修正案包含了一组关于自由表达的道德原则和政治原则，[30] 但我并不认为这就意味着不能接受其他解释，也不认为我的理解在任何身处 1791 年的人所认为的对于原始含义的解读具有决定性的理论之中占据绝对优势。

当斯卡利亚大法官投票否决州和联邦禁止焚烧国旗的
80 法律时，[31] 宣布基于种族歧视对焚烧十字架作出特殊惩罚

---

〔29〕 当然，英国人的权利体系是封闭的。例如，在 1791 年时它还保留了将“图谋”或想象国王死亡而定罪的条款，*See* William T. Mayton，*Seditious Libel and the Lost Guarantee of a Freedon of Expression*，84 Colum. L. Rev. 101 –2（1984），而且在任何情况下，没有哪种权利会被看作可以对抗英国议会。*See* J. G. A. Pocock，*1776：The Revolution against Parliament，in Three British Revolutions：1641，1688，1776*，at 265（J. G. A. Pocock ed. 1980）；Dickinson，*The Eighteenthcentury Debate on the Sovereignty of Parliament*，26 Royal Hist. Soc'y，Transaction 189（1976）.

〔30〕 参见 Tribe，前注 8。

〔31〕 *See* Texas v. Johnson，491 U. S. 397（1989）；United States v. Eichman，496 U. S. 310（1990）.

的法令无效时，[32]基于屠宰动物是否属于宗教仪式而筛选出对特定的屠宰动物行为进行惩罚的法令时，[33]我很欣慰。尽管他在演讲中依据那一条款推定的“原始含义”，将第一修正案规定的权利封冻在宪法之冰里，事实上他和我一样受宪法第一修正案观念的指引：观念并不只是体现了过去的历史，也是随着时代不断演变的一系列原则，反映了在一开始，至少是那些早期拓殖者中一部分人的渴望：什么样的权利可以使他们和他们的后代有能力对抗政府。换句话说，我从这样的事实中感到欣慰：尽管斯卡利亚大法官是那么说的，但他并未将言论自由解释为仅仅是记忆（或者是糅合了现实回应中的希望与期望的“记忆”）的汇编，而这些记忆是十八世纪晚期拓殖者认为的那些关于哪些权利可以维持一定时期安全的记忆。[34]

斯卡利亚大法官说，尽管我可能将那一猜测看作赞誉

---

〔32〕 *See* R. A. V. v. City of St. Paul, 112 S. Ct. 2538 (1992).

〔33〕 *See generally* Church of the Lukumi Babalu Aye, Inc. v. City of Hialeah, 113 S. Ct. 2217 (1993).

〔34〕 *See* Dworkin, *supra* note 4; Ronald Dworkin, *A Matter of Principle* (1986); *cf.* Wolf v. Colorado, 338 U. S. 25. 27 (1949) (constitutional rights “do not become petrified as of any one time”).

之词，但他必须减轻自己的这种荣耀感。[35] 他可能会认为，即使在 1791 年，依据宪法第一修正案，他投票否决的那一类法律获得通过，这些法律可以通过宪法第十四修正案的正当程序条款直接或是在某种程度上对抗各州，它们也应该是无效的，因为它们与当时对言论自由和宗教自由
81 的理解相悖。但任何这样的辩解都令人难以置信。1789 年的《惩治煽动叛乱法》也与这一理解相悖吗？也许是，也许不是。斯卡利亚大法官也许知道答案，但我不知道。[36] 不过，可以肯定的是，言论自由的以下延伸，即焚烧国旗或十字架，或基于以上行为的论证所形成的当代理论，从宪法角度来看是站不住脚的，这将是斯卡利亚等原旨主义者肩负的一项艰巨任务，即把现代言论自由的理念与先辈的理念保持一致。

所以，斯卡利亚大法官尽管有种种断言，他还是潜在地接受了宪法发展论的观点，这从他对遵循先例原则的应

---

〔35〕 Tanner 演讲上的回应。

〔36〕 亚当斯和杰弗逊也许会更倾向于认为第一修正案的正当性而否认 1798 年的《惩治煽动叛乱法》的合宪性。关于此法案有争议的背景资料，*See* J. Smith，*Freedom's Fetters*：*The Alien and Sedition Laws and American Civil Liberties*（1956）.

用中就可以明显看出。[37] 大部分原旨主义者都乐于接受这一原则的某些说法。[38] 斯卡利亚大法官也不例外，即使他对先例有很多批评。不过这种批评是逐渐减弱的，包括那些将宪法第十四修正案中的正当程序条款解释为有独立内容的先例。因此斯卡利亚大法官已经潜在地依靠遵循先例原则承认了它的重要性，根据宪法第十四修正案中的正当程序条款，认为不光权利法案中的程序条款可被用来对抗各州，虽然当1791年权利法案颁布时，还被认为只适用于联邦政府；虽然正当程序条款在1868年颁布时，并未被认为可以与权利法案一起对抗各州。[39] 斯卡利亚大法官坚 82
称，是否拥有援用先例的权力的设想，并不会使他在解释中随意加入自己的观点和价值，因为他遵循的“规则”涉

---

〔37〕 *See* Jed Rubenfeld, *Reading the Constitution as Spoken*, 104 Yale L. J. 1119, 1178–79 (1995)（提到了遵循先例的信条反映了“文本的宪法”在“当代延伸”的因素）。

〔38〕 *See*, *e. g.*, Henry Monaghan, *Stare Decisis and Constitutional Adjudication*, 88 Colun. L. Rev. 723 (1988).

〔39〕 *See* TXO Production Corp. v. Alliance Resources Corp., 113 S. Ct. 2711, 2726（斯卡利亚大法官在判决中持赞成意见）（承认了“第十四修正案的正当程序条款的命题，尽管它对程序的文本上的限制构成了权利法案实质的保证”）。

及什么时候忽略援用先例是合适的问题。〔40〕但是，即使我们假定斯卡利亚大法官那里存在这样有选择性的援引先例“规则”，以及存在是否支持部分而非全部最高法院错误判决的“规则”，〔41〕这些规则源自哪里呢？它们肯定不会像斯卡利亚大法官的解释方法所要求的那样，是从宪法文本的“原始含义”中来。

不论如何，如果如斯卡利亚大法官和我所认为的那样要认真对待宪法文本，应当对试图加以解释的文本作几种基本的区分。最基本的区分是，一部长期适用的法律不同

〔40〕 Tanner 演讲上的回应。

〔41〕 *See* Planned Parenthood of Aoutheastern Pennsylvania v. Casey, 505 U. S. 833, 999 (1992)（斯卡利亚大法官的意见是部分赞成，部分反对）（决定 Reo v. Wade 案是否应推翻，其方式是询问该案是否“成功地创制了一项法律规则”，尽管该案是错误的）。在开庭审理过程中，斯卡利亚大法官阐述道，在对一个被视为是错误的先例做出是否推翻的决定时，应考虑该“错误”是如何在创制法律的过程中形成的。做出这种决定的关键因素可能是先例存在的时间。例如，他提到几乎没有任何迹象促使他推翻的 Marbury v. Madison 案，不过他更乐于推翻一个更少确定性的案例，比如 Reo v. Wade 案。*See* 13 Roy M. Mersky & J. Myron Jacobstein, *The Supreme Court of the United States: Hearings and Reports on Successful and Unsuccessful Nominations of Supreme Court Justice by the Senate Judiciary Committee*, 1916 – 1986, at 131 – 32.

于一部在特定时期为解决特定问题而制定的法律。〔42〕正如杰迪·鲁宾菲尔德（Jed Rubenfeld）教授在一篇有争议的文章中所提醒我们的，〔43〕宪法并不能被理解为由一群特定的人所颁布的法律，而必须被理解为是由跨越代际的“人民”〔44〕所颁布的。也许最富戏剧性的例子是宪法第二十七修正案，它提交给各州的时间是1789年，而最终获得批准的时间是1992年。〔45〕 83

不过，不光是那些花了很久才获批准的条款能说明这一问题，很快获得批准的第一修正案（从提交给各州起不

---

〔42〕 *See generaly* Christopher L. Eisgruber, *The Fourteenth Amendments Constitution*, 69 S. Cal. L. Rev. 47（1995）；Rubenfeld，前引注38。正如Eisgruber和Rubenfeld指出的，尝试将宪法类比为在一个特定时期确定的成文法，基于的事实是，成文法假定宪法规范作为背景来确定其合法性和结构。同样，尝试将宪法类比为全体代表提议并由各州接受的契约是不对的，因为契约的结构和执行假定在积极的制定法框架内具有普通法的背景，而制定法框架又是宪法的基础。

〔43〕 *See* Rubenfeld, *supra* note 38, at 1160.

〔44〕 *See* U. S. Const. pmbl.（“我们美利坚合众国的人民，为了形成一个更完善的联邦……”）。

〔45〕 *See generally* Richard B. Berstein, *The Sleeper Wakes: The History and Legacy of the Twenty-seventh Amendment*, 61 Fordham L. Rev. 497（1992）. 关于第二十七修正案的批准过程，*See* Laurence H. Tribe, *The 27th Amendment Joins the Constitution*, Wall St. J., May 13, 1992, at A15.

到两年）同样可以说明问题。[46] 大多数主张言论自由、出版自由和宗教信仰自由的案例都在第一修正案的调整范围之内，通过保护这些自由来对抗各州，并且不可避免地要以77年后于1868年批准的第十四修正案为依据。这些主张自由的案例依据的是宪法第十四修正案，即禁止各州
84 “不依法定正当程序”剥夺任何公民的“自由”。[47] 无论在理解对政府可以自由颁布[48]法律这一规则的内容做出任何实质限制有何语言上的困难；也无论将言论自由、出版、宗教信仰自由这些对抗各州的自由通过特权与豁免条款[49]

---

〔46〕 第一修正案于1789年9月24日提交给各州以获通过，在1791年的12月15日得以颁布。*See* George Anastaplo, *The Constitutionalist*: *Notes on the First Amendment* 209 - 13 (1971).

〔47〕 宪法第十四修正案。

〔48〕 *See* Tribe, *supra* note 2121, at 1297 n. 247（表达对实质正当程序原则的怀疑并建议宪法的其他条款可能是保护个体自由更好的依据——尤其是第十四修正案的特权与豁免条款）；*See also* Ely, *supra* note 26, at 18. 尽管历史证据表明第十四修正案可能将“法律的正当程序”理解为具有实质内容，*See* Tribe, *supra note* 21, at 1297 n. 247，尽管采用了原旨主义的解释方法，斯卡利亚大法官还是拒绝了实质正当程序的概念。*See* Scalia, “Common-Law Courts in a Civil-Law System,” pp. 24 - 25.

〔49〕 我在其他地方已经讨论过了，*See* Tribe , *supra* note 21, at 1297 n. 247，我相信 Slaughter-House Cases, 83 U. S. 36 (1872)，不正确地削弱了特权或豁免条款，而特权或豁免条款恰是指引法庭通过正当程序去保障实质性权利。*See also* David A. J. Richards, *Conscience and the Constitution* 204 - 32 (1993)（论证 Slaughter-House 案不正确地解释了特权和豁免条款）。

或平等保护条款[50]，而非通过正当程序条款整合起来的前景是什么。在我看来，这都不可能证明这一命题，即停滞于1791年前后的理解不能作为今天对自由的明确限制，85
特别是1868年修正案中规定的对抗各州的自由。宪法第十四修正案不需要被直接引用，因为宪法和权利的含义会随着时代发展而改变，例如，即使第五修正案是直接针对国会，而不是通过第十四修正案来针对各州，那种认为第十四修正案具有实质内容的决定也足以显示我们对第五修正案中正当程序条款的含义的理解。[51]从这个意义上说，宪

〔50〕 *See* Police Dept. of Chicago v. Mosley，408 U. S. 92，95（1972）（仅仅禁止非工会罢工的命令违反了平等保护条款，因为没有“合理的政府利益”支持这种区分，由于“第一修正案意味着政府无权限制表达信息、思想、主观问题或内容等自由”）；Lee v. Weisman，505 U. S. 577，616－622（1992）（苏特大法官的同意观点）（确认政府不能以支持宗教打压非宗教，并细述麦迪逊的观点：“因宗教观点而影响公民平等地位的那些人不能屈服于立法机关”）。

〔51〕 *See e. g.*，Adarand Constructors ，Inc. v. Pena，115 S. Ct. 2097（1995）（提到平等保护同样体现在第五和第十四修正案中）；Bolling v. Sharpe，347U. S. 497（1954）（表明第十四修正案中的平等保护条款和第五修正案中的正当程序条款同样体现了平等保护）。重要的是，最高法院第一次以明确的方式说明第十四修正案正当程序的含义与第五修正案的含义是相同的。*See* Hurtado v. Califonia，110 U. S. 516，535－35（1884）。类似的，第十五修正案的制定赋予了奴隶和有色人种公民权，不可避免地改变了第5条规定中形成的分配各州代表的含义（名声不佳的“3/5条款”）。第十九和第二十六修正案的制定，分别赋予了妇女和18岁人口以公民权，这不免会影响到我们对第十四修正案选举权条款的理解，根据该修正案的规定形成的惯例是，对任何不赋予21周岁以上男性公民权的州，将减少其在众议院代表的席位。

法条款有时通过对宪法其他部分的正式修改而获得了新的含义，即使我们论及的条款中的文字保持不变而仅仅是背景文本发生了改变时也是如此。毕竟宪法是一个整体而不是毫无关联的一些部分的集合。当一个修正案在第一条之下变为法律，就会“作为宪法的一部分而有效”，而不是作为一个独立存在的条款或是命令（command）。因此，既
86 要尽量避免我在别的地方描述为“过度划一”的错误〔52〕，这一错误在于将宪法看作连贯的整体，而忽视了妥协的存在，因此可能是对它的特征的错误认识；也要避免同样重大的错误，即“忽视整体性”，〔53〕要尊重宪法的形成方式，即便这是一个纯粹的形式问题。我们要强调的是，宪法是一个“不断形成”的作品，“我们人民”，并非像原旨主义者想的那样一次性确立宪法〔54〕，仿佛大爆炸理论那般。〔55〕无论是将决定性的法律作为宪法一部分来解释，〔56〕还是仅

---

〔52〕 *See* Laurence H. Tribe & Michael C. Dorf, *On Reading the Constitution* 24 – 30 (1991).

〔53〕 参见前引注20。

〔54〕 宪法序言。

〔55〕 *Cf.* Kathleen M. Sulliwan, *Dueling Sovereignties*: *U. S. Term Limits*, *Inc. v. Thornton*, 109 Harv. L. Rev. 78, 89 (1995).

〔56〕 *See e. g.*, Monaghan, *supra* note 39, at 724.

就其本身来解释，都充分说明我们所理解的“宪法”是世代相传的，让他们可以随着时代发展而不断完善。

由于宪法条款的制定跨越了不同的时代，与之相关的是，不同时代在理解宪法的“原始含义”方面也不会尽然一致，除此之外，还需要指出的一点是，即并非所有的宪法条款都属于同一类型，甚至在它们诞生之时起便不是。其中有一些极为详细具体；[57]另一些，相对而言则没有那么明确而且易变。[58]有一些直接要求保持旧做法，[59]还 87
有一些则可以被合理理解为这样的理想：允许推翻宪法条款的起草者或批准者们有问题的做法。[60]

当斯卡利亚大法官将我们所提到的“理想”条款与在《独立宣言》或《法国人与公民权利宣言》中显现的哲学

---

〔57〕 *See e. g.* , U. S. Const. art. I，2，cl，1（众议院每两年选举一次）；*id.* art. II，1，cl. 5（总统必须至少35周岁以上）。的确，不少宪法条文是相当具体的，是清晰的政府运行的指南。

〔58〕 看似开放式的条款包含了“平等保护”，参见第十四修正案；“特权与豁免条款”，参见前引第四修正案；以及“人民……的保留权”，参见前引第九修正案。

〔59〕 参见第七修正案。（在普通法的案件中，争议价值应超过20美元，陪审团的审判权应保留，如果陪审团没有参与审判，那么依据普通法规则应在美国任何法院重新进行审理。）

〔60〕 参见第十四修正案。

意义上的宣告等同起来时，[61] 他便将仅仅宣告宽泛前提或宣称包罗万象的目标性条款——如我们宪法的序言，或第二修正案的序言[62] ——和实际上规定权利或自由的条款相混淆了，从而误解了我的观点。而实际上，对规定权利或自由的宪法条款最合理的解释是，与其说这是将制宪者或他们的英国兄弟们所享有的特权通过法律规定下来，倒不如说制宪者期望制定一部约束未来不特定人行为的基本法律，哪怕是为了实现这个目标宪法要随着时代发展变化进行实质性的修改。

斯卡利亚大法官认为将具体条款与理想条款混合起来显得有些奇怪，[63] 并得出结论说，像第七修正案这样的条款，其存在是为了保证在普通法诉讼中标的超过 20 美元由陪审团审判的权利受到保护，将权利法案仅以语言上可能的范围来理解，仅将其理解为对于那个时代的政体下所支

---

〔61〕 Tanner 演讲上的回应。

〔62〕 参见宪法序言（“我们美利坚合众国的人民，为了形成一个更完善的联邦，匡扶正义，保障国内的安宁，建立共同的国防，增进全民福祉和确保我们自己及我们后代能安享自由带来的幸福，乃为美利坚合众国制定和确立这一部宪法。”）；第二修正案（“ 纪律严明的民兵是保障自由州的安全所必需的”）。

〔63〕 Tanner 演讲上的回应。

持的自由的具体保障。[64]很显然，那行不通。恰恰相反，专门采用“20美元”的写法突出了权利法案中其他更具启发性和普遍性条款的概括性。此外，就算在一部宪法中将这两种条款混起来很奇怪，也不能将其归咎于原旨主义的追随者。 88

看来，对斯卡利亚大法官而言，存在比这个本质上属于美学的意见更有强度的反对意见。对他来说，理想条款作为有具体内容的条款相对的一方，与宪法保证者的主要意愿根本就是相违背的：禁止在后世变更。[65]为了论辩的方便，让我们假设如马歇尔很久以前提示的那样，设计宪法的“主要意图”就是“世代延续”这一惊人的宣告是正确的。[66]即使如此，为什么要假定为了稳固一些确定的权利，使它们不必经常变动，我们就要严格使用高度排他性的类似规则的语句来描述权利呢？既然原则能够传达后代所产生的新的和不可预料的含义，而后代对原则的深层含义和结构都会理解得更好，为什么人们不用原则的方式来代替这种严格的表达方式呢？为什么不将这一事业归于宪

〔64〕 *Id.*

〔65〕 *Id.*

〔66〕 McCulloch v. Maryland, 17 U.S. 316, 415 (1819).

法之中呢？宪法的文本显然至少保证了在制定或批准它的时代居于主流的权利和自由核心不受侵犯，同时也保证，超越并围绕着这一核心，发展一组更为丰富的（虽然存在
89 疑问的）权利和自由仍具有可能性和现实性。

斯卡利亚大法官的原则似乎是这样的：在某机构对宪法保证的事物的解释与对该机构所持的立场、态度之间，〔67〕一定存在某种调和。到目前为止，宪法的实施机构是法官和法院，这分明是对开阔的、可变的，原则般的宪法规定的挑战，是对有限的、静止的，规则般的宪法规定的拥护。因为立法机关或公民的投票而非法官和法院才是那一年代合适的解释者和代言人。〔68〕有几点看来值得回应。首先，这样一种做法本末倒置，即将宪法条款的含义仅仅等同于值得信赖的司法机构在司法审查过程中所理解的含义，这无疑具有制度上的局限。如我所极力主张的，〔69〕由于宪法

---

〔67〕 Tanner 演讲上的回应。

〔68〕 *Id.*

〔69〕 *See* Tribe, *supra* note 8, 16 – 20, at 1512 – 13（讨论未能执行的规范）; Laurence H. Tribe, *American Constitutional Law*, 5 – 12 to 5 – 15 (1978). *See also* Lawrence Gene Sager, *Fair Measure: The Legal Status of Underenforced Constitutiaonal Norms*, 91 Harv. L. Rev. 1212 (1978).

适用于所有宣誓并遵循它的人,[70] 因此应首先讨论宪法的“含义”,并且对法官在多大程度上可以自主使用这一含义和在什么情况下可以使用作具体的分析。其次,在讨论宪法的“理想”条款时,我并未谈论后代会怀有任何理性。[71] 我认为我更青睐包含有限理想的条款,它们被制定出来并 90
得到理解,有时从一开始它们便将要求与禁令施加于人,甚至它们的制定者或颁布者也可能在它们的限制范围之内,

---

〔70〕 *See* Paul Brest, *The Conscientious Legislators Guide to Constitutional Interpretation*, 27 Stan. L. Rev. 585, 587 (1975)(立法者有义务“尽他们最大的努力去决定立法提案的合宪性”); Tribe, *supra* note 8, at 1-7, 1-9, 5-1, 16-20(认为联邦法官并不是唯一宣誓忠于宪法之人,他们的宣誓要求立法者能超越选民的意愿而忠于宪法)。

〔71〕 参见前注34。我并不相信宪法是完全不确定的,开放式的,尽管存在着完全相反的观点,*See* Henry P. Monaghan, *Our Perfect Constitution*, 56 N. Y. U. L. Rev. 343, 356 (1981); Philip Bobbitt, *Constitutional Interpretation* 124 (1991)(表明我支持“批准一项特定判决的方式是在宪法论证的范围实现公正”),我从来不认为体现各种妥协的宪法应等同于政府理念。相反,我认同 Robin L. West 在 *Constitutional Skepticism*, 72B. U. L. Rev. 765 (1992) 中表达的观点,将宪法等同于在一个公正的社会中基于道德原则限制公权力而形成的理想性观念,这可能会导致人们发现不了宪法中的缺陷,并导致诉讼制度改革的动力不足或效果不佳。

而非旁观者,〔72〕因为颁布出来的法令很少仅仅对当时的实践作描述或编纂的工作。

相信第一修正案正是这类条款，因而我对探究斯卡利
91 亚大法官关于第一修正案特征的不同理解如何影响他对第一修正案的解释，以及对国会立法的解释格外有兴趣。而我对第一修正案的解释会导致我的理解完全不同。以斯卡利亚大法官讨论的最高法院 1892 年判决的“圣三一教堂案”为例,〔73〕法院认为，一座特定的教堂不应因为支持一名英国人到本教堂做牧师而受罚。国会已经免除了“职业演

---

〔72〕 *See e. g.*, Lee v. Weisman, 505 U. S. 577, 611 – 16, 616 n. 3 (1992)（苏特大法官的赞成意见）（讨论制宪者对设立条款的理解，并承认杰斐逊总统偶尔认可宗教，尽管他一般会认为那么做是不合宪的）；Brown v. Board of Educ., 347U. S. 483, 489 – 92 (1954)（将第十四修正案解释为禁止在公立学校实行种族隔离，尽管该修正案中具有“无结论”的历史）。*But See* Michael McConnell, *Originalism and the Desegregation Decisions*, 81 Va. L. Rev. 947 (1995)（呈现了一位原旨主义者对挑战公众看法的布朗案的辩护，认为第十四修正案的作者尤其是批准者假定种族隔离与“法律的平等保护”是一致的）。针对 McConnell 论文的批评意见，*see* Michael J. Klarman, *Brown, Originalism, and Constitutional Theory: A Response to Professor McConnell*, 81 Va. L. Rev.. 1881 (1995); *see also* Laurence H. Tribe, *How Relevant Is "Original Intent" Doctrine?* Legal Times, December 22, 1986, at 12, col. 1.

〔73〕 143 U. S. 457 (1892).

员，艺术家，教师，[以及]歌唱家”等移民的责任。[74]法院认为，从国会的本意来看，不会禁止移民牧师，而斯卡利亚大法官对法院在该案中的主张提出了批评意见。[75]在我看来，尽管教堂案将结论建立在国会本意的假定之上可能是错误的，但这一结论对于第一修正案却有着极大的作用，“圣三一教堂案”所依据的法律必须对照第一修正案的背景来进行解释。如果国会果真说过，“非宗教的讲师是受豁免的，但带有宗教性质的讲师则应受禁令之惩罚”，这样是否会构成对言论自由和宗教活动自由的剥夺呢？或者与第一修正案相反，这正是在设立一种宗教？作为一项被理解为设立了反对内容审查和宗教中立原则的规定，第一修正案将会反对这种带有歧视性的联邦法律。而如果我们试图将第一修正案理解为将1791年英国人所享有的权利固定下来，第一修正案的含义就很有可能极为狭窄，[76]尤其考虑到国会有权自主制定存疑的法律而不致违背“未成文的”英国宪法。

---

〔74〕 *id.* at 458 –59.

〔75〕 Scalia, “Common-Law Courts in a Civil-Law System.” pp. 18 –21.

〔76〕 的确，斯卡利亚大法官提出了很多建议，尽管没有展开论述。参见前引注第20页，注释22。

斯卡利亚大法官的辩解是，批评教堂案不需要以解决 92 宪法问题为前提，因为“主张条款违宪与主张所说非实是不同的”。[77] 的确，这是正确的。但争议条款所要精确表达的是什么呢？一定要把牧师排除在“艺术家”和“讲师”之外，才算是维护了宪法语言的纯洁性吗？看起来，我和斯卡利亚大法官都相信答案不会从立法史中找到，那么通过上下文及宪法原则对文本含义的阐发，会不会有助于找到答案？还是说，至少对于第一修正案下的言论自由条款这样的宪法条款，这样的解释方法仍显不足？

我将直言不讳地承认有些条款并不欢迎，事实上也非常抵触对抽象原则进行广义的解释。尤其是，如我在别处已详尽论述的那样，[78] 那些限制（或从字面上讲，构成）政府分支机构及其相互关系的制度与实践的宪法性规定应被理解为一种特别明确的构造，它具体规定了权力得以行

〔77〕 见前注。类似地，斯卡利亚大法官在 Rust v. Sullivan，500U. S. 173（1991）案中附和首席大法官伦奎斯特的多数意见（将《公众健康服务法》解释为在堕胎问题上禁止使用公共基金，并支持依据宪法第一修正案解释该法）。可参见前引（奥康纳大法官的反对意见）（论证道，法院应解释成文法以避免第一修正案的严重问题，因为大多数人都希望通过第一修正案来解决问题）。

〔78〕 参见 Tribe，前引注 21。

使的方式，而不是宣称某种开放式的原则。这类条款虽然表达得不如总统必须年满35岁[79]这类规则那么明确，但也必须有一个固定的含义。不论是法官还是其他人，作为忠实的解释者，他的任务就是确认和维持，除非这种构造被宪法修正案改变。 93

依据我所观察的斯卡利亚大法官所持的观点，有些“解释”模式认为宪法创设的政府结构和特征自身仅仅具有描述性或者提示性，这些多结论或目的的“解释”模式根本就不合法。但在我看来，所有宪法条款不管归入一个历史事实问题还是一个宪法逻辑问题，这种说法都不成立。也正是在这一点上，我认为我与斯卡利亚大法官将继续持有不同观点。我们两人都没有一个机械的公式去决定宪法的哪些内容是完全固定的，哪些内容是原则性的（斯卡利亚大法官也许坚持没有这种内容），以使我们可以随时制定可适用的规则，还有哪些内容是这两种特征的结合——对于这样的判断，的确不存在通约的可能——可能这会让一些人感到苦恼，让另一些人感到鼓舞。不过，对我来说，无论怎样，这都是我们不可逃避的命运。 94

---

〔79〕参见宪法第1条第2款。

评论·三

comment

玛丽·安·格兰顿
Mary Ann Glendon

哈佛大学伦尼德·汉德（Learned Hand）法律讲座教授，著有《律师的国度》（A Nation under Lawyers）《新家庭与新财产权》（The New Family and the New Property）《西方法律中的堕胎与离婚》（Abortion and Divorce in Western Law）《家庭法的转变》（The Transformation of Family Laws）《权利对话》（Rights Talk），毕业于芝加哥大学，获芝加哥大学和鲁汶大学博士学位。

作为一个对当代欧洲法律有着特别兴趣的比较法学家，我对斯卡利亚大法官使用“民法世界”（civil-law world）来比喻日益受制定法而非判例法支配的美国法律环境的说法，情不自禁地产生了极大的兴趣。因此，我的评论是对斯卡利亚大法官演讲中提到的两个问题进行反思：在法律错综复杂的二十世纪，民法法系的律师和法官的状况是否比我们美国同僚们要好得多？倘若是这样的话，我们能够从他们的经验当中学到些什么？

比较分析方法通过把那些我们习以为常、熟视无睹的实践惯例凸显出来，进而使得某一个问题变得清楚明白。成文法解释尽管是一个令人困窘的问题，但它却又生动有效。换一种方式来讲，电影爱好者们就会明白：当遇到成文法时，我们美国律师就像影片《年轻的弗兰肯斯泰因》（Young Frankenstein）当中的伊戈尔（Igor）一样，当医生吉恩·怀尔德（Gene Wilder）说道：“或许我能够治疗你的驼背。”扮演伊戈尔的马蒂·费尔德曼（Marty Feldman）却回答到：“什么驼背？”几十年来，许多著名学者，他们当中许多人深受欧洲人的训练，一直要求人们关注我们的立法技能之原始落后状态。然而，业界却坚定不移地忽略它的这种无能状态。

尽管自从立法机构颁布的制定法取代判例法作为法律推理的主要起点以来，时间已经过去了一个多世纪，但是我们仍然使用着在某一个时代形成的技艺习惯，正如罗斯科·庞德（Roscoe Pound）曾经指出的那样，对私法有着
95 持久效力的法律法规简直屈指可数。[1] 正如斯卡利亚大法官所抱怨的那样，至今，美国律师们的主要技能是有关法庭判决的。倘若我们的大多数公民知道一个普通的法科学生所接受的有关制定法方面的训练是多么地少，或者整个法律职业已经完全忽略了立法起草技术（这是解释的另外一个方面），那么，毫无疑问，他们会感到吃惊。

正如上面所提及的，二十世纪一些主要的法律学者要求人们注意这些缺陷，而这对于任何熟悉民法法系的人们来讲，是显而易见的。譬如庞德曾写道：

---

〔1〕 Roscoe Pound, “The Formative Era of American Law”, in *The Life of the Law*, ed. John Honnold (Lodon: Collier-Macmillan, 1964), 59.

> 在以书面文本管理法官方面，普通法从来就没有达到过最佳状态。但从已公布的过去其他案件判决当中为某些特定案件的判决寻找依据，它却有着卓越的技巧。同民法法系相比，普通法法系在基于立法文本进行判决时常显得笨拙，一点也不奏效。〔2〕

卡尔·卢埃林（Karl Llewellyn）甚至在赞扬普通法传统的时候，也为美国对待成文法（相对于对待判例法而言）的"不均衡、呆板"感到惋惜。〔3〕他补充道："……同大陆法系国家的法律艺匠对成文法文本那种如同钟表匠般的精细和谨慎相比，我们对成文法文本的方式则是喧闹粗鲁的，这种情形既引人正视，也让人悲观。"〔4〕在以立法起草人的身份起草《统一商法典》和其他法律法规的工作中，他就大量地参考德国模式。

尽管如此，在新政（the New Deal）开辟行政法时代的几十年后，1992 年哈佛法学院课程委员会的一份报告承

---

〔2〕 *Id.* at 60.

〔3〕 Karl N. Llewellyn, *The Common Law Tradition* (Boston: Little, Brown, 1960), 379.

〔4〕 *Id.* at 380.

认，“我们在讲授第一学年的基本必修课程计划时，几乎没
96 有考虑到管制性国家时代的到来，没有察觉到成文法和规章已经成为我们这个时代主要的法律渊源”。[5]这种状况在大多数美国法学院校当中非常普遍，实践中的成文法课程主要是学习案例。

这种持续性缺陷的原因何在？斯卡利亚大法官将其溯源于法律职业的历史。在欧洲大陆，民法法系在许多重要方面是由学者们发展起来的，并且通过全面的法律编撰达到了高度的理性化和系统化。与此不同，英国法是由法官和律师执业者带头发展起来的。[6]在英格兰和美国，由于法庭判决是法律推理的主要素材，那么，普通的律师们就既不拥有，也不需要掌握解释制定法、起草制定法的熟练技巧。他们拥有一套足以应付前现代英国立法的简单工具，而这种法令（不像欧洲模式那样）并不旨在成为全新系列

---

〔5〕 哈佛法学院综合课程评估委员会报告（Report of the Harvard Law School Comprehensive Curricular Assessment Committee），1992 年5 月5 日，第4 期。

〔6〕 *See generally* Mary Ann Glendon, Michael Gordon, and Christopher Osakwe, *Comparative Legal Traditions* (St. Paul, Minn.: West Publishing Co., 1985), 44 -54.

的法律推理之权威起点。[7] 英国法官们传统地将这些法令视为陪衬普通法背景的一种表面装饰品。相应地，他们尽可能地将这些法令混合到判例法当中来。

在各种新形式的制定法取得显著而又永久的地位之前，这些昔日的法律技巧发挥着足够充分有效的作用。然而，到了二十世纪中叶，在许多评论家——庞德[8]、卢埃林[9]、卡多佐[10]、兰迪斯[11]和法兰克福特[12]看来，美国的法 97
学家们迫切需要更新观念以适应现代法律世界了。

到了二十世纪四五十年代，立法研究的动力看似正在形成。这部分归因于那些天才般的、由政府部门转行到法律教育职业的新政律师们。在同一时期，国家州际法统一

---

〔7〕 *See generslly* Mary Ann Glendon, "Sources of Law in a Changing Legal Order," 17 *Creighton L. Rev.* 663 (1983 – 1984).

〔8〕 Pound, "Commom Law and Legistion", 21 *Harv. L. Rev.* 383 (1908).

〔9〕 Karl N. Llewellyn, *The Bramble Bush*, 3d ed. (Dobbs Ferry, N. Y.: Oceana, 1960), 78 – 81. *See also* Llewellyn, *The Common Law Tradition*, 379.

〔10〕 Cardozo, "A Ministry of Justice", 35 *Harv. L. Rev.* 113 (1921).

〔11〕 Landis, "Statutes and the Sources of Law", in *Harvard Legal Essays* (Cambridge: Harvard University Press, 1934), 213.

〔12〕 Frankfurter, "Some Reflections on the Reading of Statutes", 47 *Colum. L. Rev.* 527 (1947).

委员会、美国律师协会以及美国法律学会都展开了雄心勃勃的计划以改进法律质量、维护法律统一，所有这些目标主要是通过立法来促成的。有关成文法解释的少量研究资料已经初露端倪。〔13〕在哈特和萨克斯1958年出版的名著《法律程序》（*Legal Process*）中，有一半以上的材料与立法、行政法以及展示用于解释新的、复杂类型的成文法的各种技术有关。〔14〕尽管如此，立法领域仍然是“学术上的一潭死水”。〔15〕

是什么使处于萌芽状态的、严肃而又认真的成文法研究遭到了扼杀？根深蒂固的职业习惯和简朴的惯性是其中的部分原因。除此之外，还有二十世纪六七十年代宪法权利革命与二十世纪八十年代反管制氛围的双重致命打击。在沃伦和伯格法院的全盛时期，当宪法性法律成为法律学

---

〔13〕 里德·迪克森在立法起草和解释方面是一个开拓者，并写有专著和手册。*See*, *especially*, *The Fundamentals of Legal Drafting*, 2d. ed. (Boston: Little, Brown, 1986); *The Interpretation and Application of Statutes* (Boston: Little, Brown, 1975).

〔14〕 Henry Hart and Albert Sacks, *The Legal Process: Basic Problems in the Making and Application of Law*, ed. William Eskridge Philip Frickey (Westbury, N. Y.: Foundation Press, 1994).

〔15〕 Patrick J. Kelly, "Advice from the Consummate Draftsman: Reed Dickerson on Statutory Interpretation", 16. *So. Ill. L. J.* 591, 592 (1992).

术领域的热门话题时，诸如税法、证券法和劳动法等成文法领域的学术研究逐渐过时了。当引人注目的民权判决促进这样一种幻觉，即诉讼可以影响社会变革之时，立法程序本身自然就受到了冷落。这种幻觉使改革者的精力从日常民主政治转移开来。[16]到了后来，“将政府从我们的后背上移去”之倡导者从原则上厌恶大部分立法。所以，基于各种各样的原因，美国的法律职业在“民法世界”当中仍然迷失着方向。 98

不过，在世纪之交，当现代立法创造物改变法典世界之时，民法法系的法学家们是否能更容易地找到他们的发展方向？乍一看，可能很明显的就是，他们具有解释方法上的优势。从历史的角度来看，民法法系和判例法系培育

---

〔16〕 对于学者为什么对日常政治不感兴趣，保罗·卡林顿提出了进一步的理由：“他必须与那些并不总是精英才俊的人交往。他必须参会，不仅探讨，还要有礼貌地倾听各种不同的观点。他必须要研究和思考那些与他人直接利害关系的问题，这些问题不仅要与其自身利益有着利害关系……为了取得实际效果，他必须妥协和包容……他必须冒着明显可能失败的风险……他有时必须承受最令人不快的负担，执行那些枯燥乏味的、对个人才能毫无荣耀可言的任务来首先赢得信任……” Carrington，“Aftermath”，in *Essays for Patrick Atiyah*，ed. P. Cane and J. Stapleton（Oxford：Clarendon Press，1991），113，140.

了两种迥然不同的职业技术风格。[17] 正如判例法系的律师炫耀他们运用先例的技巧一样，民法法系的律师则以起草和解释法典的方法为荣。任何一种简略描述都很难公正地对待某一种惯例，不过温菲尔德·布汝格（Winfried Brugger）概括了四种经典的解释方法：文法解释（有时也称为
99 文义解释）、体系解释（有时也称之为结构解释）、历史解释以及目的解释（有时称之为进化解释）。

> 在……文法解释中，经常会运用哲学方法来分析某一个词或句子的含义。在体系解释中，要想澄清某一法律条款的含义，必须通过将其与法律文本中同一部分或标题的其他相关规定，甚至是特定法律体系之内或之外的其他文本联系起来予以研读。因此，这种方法依赖于法律体系的统一性或者至少是法律体系的一致性。在历史解释方法中，解释者试图确定法律文件的制定者在使用特定语词和语句时想要规定什么内容……在目的分析解释中，在确定法律规定或文件当

---

〔17〕 *Max Weber on Law in Economy and Society*, ed. Max Rheinstein (Cambridge: Harvard University Press, 1954), especially chapter 7. *See also* Max Rheinstein, "Rechtshonoratioren", 34 *RabelsZeitschrift* 1 (1970).

时的目的时，其他三种要素的作用仅仅具有参考性，而不具有决定性。〔18〕

一本流传很广的民法法系著作表明，以这些方法为基础的惯例和实践处理现代成文法规、条例以及法令，比处理早期法规时的帮助作用要小得多。〔19〕传统的解释技术有利于处理相对全面、连贯、完备的法律文本，但却很难适用于那些与大法典的概念与术语并不保持同等一致性的法律。其结果是，同我们遇到的情形一样，各种新形式的制定法使民法法系陷入了解释性的混乱之中。民法法系的法官在处理那些因模糊性和不一致性而需要迫切修补的法律法规时，几乎也会像判例法系的同僚一样感到茫然、不知所措。当新法规堆积到旧法规之上时，时常会与其他相关领域的法律法规产生不确定或者重叠，传统的民法法系解 100
释方法所起的帮助作用就会越来越小。

〔18〕 Winfried Brugger, "Legal Interpretation, Schools of Jurisprudence, and Anthropology: Some Remarks from a German Point of View", 42 *American Journal of Comparative Law* 395, 396 – 97 (1994).

〔19〕 Rodolfo Sacco, "La Codification: Forme Dépassée de Legislation?" *Italian National Reports to the XI Int' l Congress of Comparative Law* 65, 67 (Milan: Giuffre, 1982).

换而言之，就法律推理的素材而言，民法法系的法学家们不再只是居住于“民法世界”当中了。“民法”（civil law）术语首先意味着私法，包括财产法、合同法、侵权法和家庭法；其次意味着民法法典性质的法律，它们是私法领域当中法律推理的完整系列的权威起点。这些含义尽管仍然在市民的法律观念中占有重要地位，但很早就在欧洲大陆的法律实践当中丧失了中心地位。

正如现代管制性立法挑战了法官所创制的普通法在英美国家的重要地位，它也挑战民法法典（civil codes）在欧洲大陆的主导地位。那些整个或部分地从法典范围中拿走巨大份额的法律法规尽管仍然加强着民法法系当中制定法的传统的卓越地位，与此同时却削弱了规范本身的重要性。[20]因此，法国、德国和那些以法德之法律体系为其法律基础的国家仅在下面这种意义上才是“民法”国家：他们的律师和法官共享着一系列习惯和实践惯例，这些习惯和实践惯例则是从某个时期继承下来的，而在当时，民法典曾是该国法律体系的核心。

---

〔20〕 *See* Mary Ann Glendon, “The Sources of Law in a Changing Legal Order”, 17 *Creighton L. Rev.* 663 (1984).

话题还是回归到比较研究的优势这一问题上来，民法法系的某些特定特征确实有助于它们过渡到新的制定法和行政管制环境中来。民法法系国家的法学家和法官至少已经习惯于采用他们自制定法而来的行事方式，并且在法规起草方面，民法法系有着高水平的专家。此外，欧洲所有的民法法系国家很久以来就有单独的、专门化的法院来处理涉及国家与其机构之间的纠纷。其中，有些国家还有专门化的税法、社会保障法和劳动法之法院系统来保证这些专门化的管制领域当中法律的一致性。 101

正如在判例法国家一样，对大量的、不断增长的制定法之解释需要也使得民法法系国家不断吸纳浩如烟海的法庭判决。这就反过来暴露了民法法系国家的阿喀琉斯之踵：相对缺乏案例分析技术。不仅欧洲大陆的法律教育轻视判例法，民法法系国家的法官也不乐意提高判例的说理技巧。法国的法律体系和许多以它为模板的国家的法律体系尤其遭到了过于神秘的司法判决方式的阻碍。民法体系的发展普遍受到了下列传统观念的约束：法官的角色被严格地局限于裁决手头的具体纠纷，而且他们缺乏正式的判决先例原则。这一缺陷是普通法关于成文法的弱点之民法法系翻版。

与伊戈尔（Igor）不同，欧洲的法学家们承认他们存在的问题。德国的法官和学者是首先采取措施来发展他们所缺乏的技术的成员之一。正如约翰·P. 道森（John P. Dawson）在二十世纪七十年代所述，“当判例法的洪潮出人意料地来临，德国的法院和法律学者开始相互培训以提高判例的识别技术”。〔21〕法国的法律职业者对此形势的适应则比较迟缓。不过 1974 年一篇很有影响力的法律评论文章呼吁，司法判决需要更多的事实和说理。〔22〕另外一个促进因素是瑞士学者托马斯·普罗布斯特（Thomas Probst）的权威性比较研究成果，该研究表明，瑞士国内的法律体制当中尚未得到充分发展的判例理论和实践导致判决难以预测，并频频违背同案同判原则，令人难以接受。〔23〕他的
 这一结论是以美国最高法院二百多年来推翻的判决与瑞士

〔21〕“The General Clauses, Viewed from a Distance”, 41 *RabelsZeitschrift* 441, 456 (1977).

〔22〕 Adolphe Touffait and André Tunc, “Pour une motivation plus explicite des décisions de justice notamment celles de la Cour de Cassation”, 1974 *Revue trimestrelle du droit civil* 487.

〔23〕 Thomas Probst, *Die Änderung der Rechtsprechung: Eine rechtsvergleichende, methodologische Untersuchung zum Phänomen der höchsrichterlichen Rechtsprechungsänderung in der Schweiz (civil law) und den Vereinigten Staaten (Common Law)* (Basel: Helbing & Lichtenhahn, 1993).

联邦法院（Bundesgericht）自1875年至1990年期间的方向转变之对比为基础的。在普罗布斯特看来，个案没有约束力这一传统观念，对司法判决的写作、学术性的案例法分析以及案例法与瑞士法律体系的一致性均产生了不利影响。其结果就是，有着类似情形的当事人往往会受到不平等的对待。

因此，普罗布斯特呼吁重新思考判例在民法法系当中的地位。他催促道，这一时期已经到来了，民法法系国家的学者和法官应当以他们传统的解释制定法那样的技能和关注力来认真对待判例法研究。就法官而言，这就要求他们更加完整地阐述判决理由；就法律学者而言，他建议加强法律解释方法的研究以从整体上促进司法实践与法律推理领域的一致性。

总而言之，以规范为基础的解释方法看上去为民法体系在处理现代成文法方面提供了适度的优势。而且，民法体系正在不同程度上修补着自身在判例法技术方面长期存在的不足与缺陷。

话题转到宪法解释问题上来。德国宪法法院的实例表明，以规范为基础的方法在处理宪法解释领域的益处比其在处理现代成文法领域的益处还要重要。该实例有着极其重要的意义，因为德国联邦宪法法院（Bundesverfassungsgericht）已成为世界上同类法院当中最有影响力的宪法法院了。

人们可能会认为，有着200年宪法历史的美国在宪法
103 解释理论与实践方面可能是高度发达的。但是，直到二十世纪之交，当一系列现在看来名声不好的判决推翻了早期的社会立法的时候，我们的法院才进行了第一次司法审查的冒险行动。就公正刑事程序、平等的法律对待、言论自由以及人身自由而言，美国最高法院的历程与德国的同类机构基本相当，后者是于1951年开始司法审查的。在美国，正如在其他自由民主国家一样，与个人自由和公民权利有关的宪法性法律的迅速扩张主要是在“二战”结束以后的半个世纪中进行的。

随着人权和制宪时代的到来（开始于二十世纪四十年代末），民法法系国家的法学家发现他们自身处于熟悉的时代背景中。的确如此，战后各国宪法只是在下列意义上是新颖的：它们第一次将权利法案和司法审查传授给了许多国家。但是新宪法在许多关键方面还是类似于原有的法典——它们都谨慎尽责地被起草，都具有高度概括性，它们的各个组成部分相互之间是互设条件规定的，都有几条开放

性、无限制的条款，都希望是持久的。于是在民法法系国家中，传统的规范解释方法很快就成为宪法解释学的基础。

需要明确的是，有关解释方法基础上的一致既未排除解释方法当中各种各样要素之间孰轻孰重的激烈争论，也未解决这样的问题：当讨论的文本是一部宪法时，[24]以规范为基础的方法将如何被补充完善？在宪法性法律中，根据当代环境进行目的论或进化论的文本解释尤其是有争议的，因为法庭的“错误”并不能轻易地加以改正。因此， 104
欧洲许多法学家对解释方法与民主的各个原则之间的紧张关系，以及解释方法可能被滥用的问题感到焦虑不安。

如何将传统的解释方法适用于德国1949年的基本法，针对这一问题，法律学者、前宪法法院法官康拉德·赫西（Konrad Hesse）的见解很有影响力，在赫西看来：

（1）每一次解释都必须维护宪法的统一性。

---

〔24〕 *See* Brugger, “Legal Interpretation”; Dieter Grimm, “Human Rights and Judicial Review in Germany”, in *Human Rights and Judicial Review: A Comparative Perspective*, ed. David Beatty (Dordrecht: Nijhoff, 1994), 267; and Donald Kommers, *The Constitutional Jurisprudence of the Federal Republic of Germany* (Durham, N. C.: Duke University Press, 1989), 45 - 63.

> (2) 一旦出现紧张或者冲突，必须运用实践协调原则[25]来使冲突的条款和谐一致起来。(3) 所有政府机构都必须尊重宪法的功能性区别，即它们在权力分立体制下有各自的职权。(4) 考虑到宪法性争议的不同当事方以及社会和政治内聚力，每一次解释都必须力图创造出一种一体化的效果。(5) ……每一次解释应努力优化上述所有的要素。[26]

在德国宪法法院有关言论自由、选举法、教会/国家关系、人身自由、平等权以及经济自由的判决当中，[27]文法解释和体系解释方法（也就是斯卡利亚所称的文本主义）的影响力是强大的、确凿无误的。法院偶尔也大胆地运用目的解释方法，但其最为大胆的判决，诸如类似于约翰·马歇尔法官所作出的那些判决，也是最为审慎的判决。历

---

〔25〕 依据该原则，宪法性条款和价值观之间的张力必须通过使其每一条款和价值观念适用的范围最优化这样的方式来加以解决。换言之，法官决不允许一种宪法性价值观念完全压倒另一种价值观念。

〔26〕 *See generally* Brugger，“Legal Interpretation”，398－99.

〔27〕 德国宪法法院的主要判决已被翻译并被收集到 Kommers，*The Constitutional Jurisprudence of the Federal Republic of Germany* 一书中。

史的解释方法，在德国也正如在其他民法法系国家一样， 105
其重要性似乎比其他三种方法要小得多。〔28〕

在众多能够显著地区别德国联邦宪法法院判决与美国最高法院判决的特征当中，有一个特征也能有助于使目的解释不至于被滥用。那就是始终如一地专心于整个宪法的语言和结构的实践活动——致力于整个宪法文献，专心于特定条款彼此之间的关系，以及致力于政府部门的整体设计。(需要强调的是，下列事实有利于法院：相比于美国宪法，德国基本法是更为详细、更具整体性和现代化的文献。)

在二十世纪三十年代，厄恩斯特·弗罗因德（Ernst Freund）提出理论，认为司法审查将随着时间的流逝而不可避免地使宪法文本和结构附属于判例法。〔29〕不过既然司

〔28〕 在欧洲大陆的司法实践中，历史的解释方法很早就越来越少地被适用于规范或宪法了。因此法国的法学家不再将1804年民法典起草者的观念和意图视为对当今案件有决定性作用。Alfred Rieg,"Judicial Interpretation of Written Rules", 40 *La. L. Rev.* 49, 62 (1979). 早在1977年，德国宪法法院引用1949年基本法拒绝给予制定者意图以决定性的砝码。*See* Kommers, *The Constitutional Jurisprudence of the Federal Republic of Germany*, 316.

〔29〕 Ernst Freund, "Constitutional Law", in *Encyclopaedia of the Social Sciences* (New York: Macmillan, 1937), 4:248-49.

法审查制度在许多自由民主国家中已经实行了几十年，那么很显然，文本解释和体系解释也并不需要像在美国那样深入历史背景当中去。尽管人们已经认识到宪法比法典规范更加政治化、更具开放性；但是，德国的法官和学者认为，从依据整体结构而进行封闭的文本分析发展到既根据历史又根据法律文本在判决时所处的情境来进行目的解释，这是很自然的。[30] 然而，文本解释始终是最为重要的解释
106 类型。它既可以充当司法推理的起点，又可以对可能出现的各种结果加以外在限制。

当民法法系国家的学者进入美国法学院完成研究生课程时，对于以制定法为基础的课程却以案例方法为主要教学方法，他们时常感到惊奇。尤其是，宪法性法律的课程通常以案例（通常是马伯里诉麦迪逊案例）为开场白，而不是从宪法的语言和设计开始。[31]时间一周周过去，案件一个接一个被研讨，宪法本身却仅仅以断断续续的方式被

〔30〕 *See generally* Brugger, "Legal Interpretation".

〔31〕 5 U. S. (1 Cranch) 137 (1803). 并非总是如此。在保罗·卡林顿看来，美国法学院早期要求学生掌握翔实的宪法背景知识，而且《联邦党人文集》一书常被用作基本教科书。Carrington, "Butterfly Effects: The Possibilities of Law Teaching in a Democracy", 41 *Duke L. J.* 741, 759 (1992).

一扫而过，他们的困惑也愈益加深。一位来自德国的访问学者曾经告诉我这样一件事：当一个学生问到文本在宪法分析当中的地位时，一位美国教授回答道："忘掉文本！"

我们是如何达到那种境界的？这本身就毫无秘密可言。在建国时期，美国宪法的设计者挣扎于"普遍反对任何宪法解释方法与心甘情愿地根据那些早被用来解释成文法的普通法原则来解释宪法文本之间"〔32〕，他们变得手足无措，不知如何是好。共和国早期，当人们在最初意图观点上达成一致意见时，这种紧张关系暂时得到了解决。〔33〕然而在洛克纳（Lochner）时代，旧有的解释惯例占了上风。当美国的法官们为保持宪法的一致性而不得不解释新类型的法律法规并根据宪法来审查这些法律法规时，他们自然以他们认为最佳的方式来进行。

他们的直觉是运用法官创造的普通法来填补（成文法或宪法）文本当中的漏洞或含混模糊之处，而不是像民法 107
法系的法学家那样首先在法律文件的结构和设计当中寻找指

〔32〕 *Id*.

〔33〕 H. Jefferson Powell, "The Original Understanding of Original Intent", 98 *Harv. L. Rev.* 885, 887 (1985).

导原则。在“洛克纳诉纽约案”(*Lochner v. New York*)〔34〕* 和相关案件中，法院是以与普通法相协调而不是取代它的方式来解释宪法，而保护财产权和契约自由在当时则被认为是普通法最为重要的原则。正如庞德所说，“(普通法系国家的法学家)将对制定法进行合宪性审查看作普通法的限制条款，并且按照普通法系统地发展了这些审查措施”。〔35〕奥利弗·温德尔·霍姆斯大法官(Oliver Wendell Holmes Jr.)和其他一些人认为宪法并不仅仅是财产法和契约法等私法的一个装饰面，对此他们进行过徒劳无益的论证。〔36〕

即使后来霍姆斯大法官的观点在其他方面占了上风，其法学理论也并没有被完全采纳。审理洛克纳案件的法院

---

〔34〕 198 U. S. 45 (1905).

* 1905 年，面包店主洛克纳因为违反纽约州的法律规定，即面包店雇员工作时间每周不得超过 60 小时，每天不得超过 10 小时，而被纽约州法院判决有罪并处以罚款。洛克纳不服，最终将纽约州告上了联邦最高法院。——译者注

〔35〕 Pound, “Formative Era of American Law”, 61.

〔36〕 *See e. g.* Lochner v. New York, 198 . U. S. 45, 75 – 76 (1905)(霍姆斯大法官的反对意见); Adkins v. Children’s Hospital, 261 U. S. 525, 570 (1923)(霍姆斯大法官的反对意见); Truax v. Corrigan, 257 U. S. 312, 344 (1921)(霍姆斯大法官的反对意见)。

在宪法性法律当中赋予了财产权（和获取财产的契约自由）以它们在十九世纪晚期普通法当中一样尊贵的地位，这当然既不能被宪法文本所证明具有正当性，也不能被普通法判例所证明具有合理性。另外，试图从宪法中解读出财产权，就像后来法院在涉及新政立法和财产征收案件中所做的一样是站不住脚的。

到了二十世纪五十年代和六十年代，相比较制定法，人们更喜欢法官所创造的法，这种偏好早在世纪之交就已在宪法解释中表露无遗了。当最高法院运用司法审查来着手实施另一个激动人心的冒险活动时，这种偏好再一次发挥了显著作用。这一次，法院开始将所选的民权法案的要素作为创造性司法杰作的个别起点。这一时期，法院的大多数法官和他们的学术赞美者都故意忽略了民法法系方法所可能具有的作用。宪法不仅仅是一部权利宪章，同时也
是一个政体设计方案，它对法官造法和立法机构制定法律 108
都作了重要限制。

正如斯卡利亚大法官所强调的，法院对宪法进行随心所欲的解释远比其对成文法轻率粗心的解释所造成的危害严重得多。因为随着法官造法的扩展，我们共和政体当中的民主要素就会萎缩。美国的妇幼老弱就不仅会被剥夺如

何共同安排我们的生活的话语权，而且会丧失自治的技能。这样一来，有些事情好像已经误入歧途了——正如在那个重大场景当中，伊戈尔偶然捡起的错误样品罐，上面标注着“小心：不正常的大脑！”

1991年，卡斯·孙斯坦（Cass Sunstein）在《新共和国》（*New Republic*）中就悲观地评论道，“我们对宪法解释的理解仍处于原始状态。”[37] 从比较的角度来看，我们所遇到的许多困难看起来可能起因于我们时常忽略了民法法系国家的法学家依据本能所实施的那些步骤。想想法院所审理的涉及宗教信仰条款的案例，已被各个教派的学者甚至被法官本人描述为不讲原则、语无伦次、不切实际。就司法技能而言，令人感到沮丧的是，我们的法院在二十世纪四十年代对那些极其复杂的问题所做出的智力贡献是多么地少呀！而那些问题的出现是为了力图使第一修正案的官方语言能够对各个州均有约束力。第一修正案关于宗教信仰的表述有一个整体性的背景，即在整个第一修正案、权利法案和整个宪法设计当中，法院中的大多数法官一直

---

〔37〕 Cass R. Sunstein, Book Review, *New Republic*, March 11, 1991, 35.

就没有认识到文法解释和结构解释方法的局限性，又如何让一位法官对解释方法的局限性负责呢?〔38〕对于教会/国家领域内这一棘手的解释难题，尽管系统地关注文本和结构也不可能产生“唯一的正确答案”，却可能有助于减少偏激和非文本的结果。 109

此时，一个好奇的人可能会感到惊讶：民法法系国家的法官在克服判例法的缺陷时是如何进行宪法解释的呢?毕竟，宪法的概括性语言必然会产生大量的法院判决。至少就德国来讲，从早些时代普通法院法官处理此类问题的经历中，宪法法院的法官无疑会从中受益。〔39〕实际上，如果没有意识到德国宪法法院的判决在整体上比同一时期我们自己法院的判决更能经得起传统标准（普通法系国家的法学家们就是运用这一标准来评价司法工作）的检验的话，就很难理解德国宪法法院的判决。德国宪法法院在保持法律中原则的连贯性，以甚至对败诉方和其他持反对意见的

---

〔38〕 *See* Mary Ann Glendon and Raul Yanes, “Structural Free Exercise”, 90 *Mich. L. Rev.* 477 (1991).

〔39〕 有关私法发展的研究，*See* John P. Dawson, *The Oracles of the Law* (Ann Arbor: University of Michigan Press, 1968); “Unconscionable Coercion: The German Version”, 89 *Harv. L. Rev.* 1041 (1976); and “Judicial Revision of Frustrated Constracts: Germancy”, 63 *B. U. L. Rev.* 1039 (1983).

人们也有意义的各种方式来解释说明特定案件的结果，以及在适应不断变化的社会和经济环境的条件下来确保判决的可预测性和稳定性方面，其技能非同寻常、令人记忆深刻。

上述评论促使我猜测我们国内的情形甚至比斯卡利亚大法官所暗示的要糟糕得多。他在有关历史方面的论述毫无疑问是正确的：我们在解释方面的许多弊病源于普通法习惯在制定法世界的延续。但应该这样说，即使这些习惯不能很好地适应成文法解释和宪法解释，它们仍然是好的习惯。正是情况变糟糕了才引起了人们的关注。正如斯卡利亚大法官所指出的那样，判决先例正在丧失活力。更为不幸的是，判决中法官的主观能动性（法官并没有给予文
110 本和先例足够的考虑）看起来越来越具有正当性。〔40〕

至于最高法院，目前根本不清楚它是否真的保留着隶属于普通法的方法，即参加每一案件，为手头的案件提供公正合理的解决方案，判决是以文本和传统为基础，公正地展示其推理过程，并能够在未来案件中为当事方提供指

---

〔40〕 *See* Mary Ann Glendon, *A Nationa under Lawyers* (New York: Farrar Straus & Giroux, 1994), chapter 8.

导意见。其裁决时常是这样的情形：它并不像是说理充分、庭审有序、正确适用法律的产物，而更像是多数法官投票表决的产物。有时，法院看起来简直就是以非理性的、不可预测的方式蹒跚而行，就像旧版小说《弗兰肯斯泰因》中的怪物。与其说美国的法官和律师具有不同的才干，倒不如说他们可能正在丧失他们往昔最好的能力！

与批评法律技能培训机构相比，斯卡利亚大法官对法院提出了更多批评。不过，对于成文法的解释，法律院校应当承担应有的责任。一直到大约30多年前，具有代表性的宪法性法律课程重点强调的是联邦主义、权力分立以及商业条款，而不太重视权利法案。显而易见的补救方法可能就是从序言到最后的修正案讲授整个宪法——将整个宪法视为一个自主的设计，一个权利宪章，一个各个组成部分若被相互孤立就不能被理解的文本。但是，到了二十世纪六十年代，强调的重点简单地转向了个人权利。其结果就是，长期以来，宪法性课程与宪法的关系就如同埃尔金大理石雕与帕提侬神庙的关系一样。学生看到的只是教授所珍视的宪法片段的收藏品，使这些珍品具有适当位置的、那些比例恰当的体系结构却无处可展示。宪法就像另一个世界的奇迹，一个过去曾用来进行商议、选举、实施当地的自治活动而如今却不再在我们中间进行这些活动的古代神殿。

近些年来，越来越多的各类学者对我们的有限政府体
111 制与权利体系之间的关系展开了辩论。其中，权利体系已经成为近些年来宪法理论的重点。他们通过关注宪法的整体设计以及宪法各个规定相互之间的关系来探讨解释性问题。基于对两个世纪的先例中权利传统与原则的尊重，他们正试图恢复权力分立、联邦主义和宪法文本与结构在宪法理论中的“中心和恰当位置”。[41]

尽管这些努力可能有助于提高宪法性法律的教学水平，但却不太可能使宪法解释领域的混乱很快消除。因为假如文本主义、结构主义和原旨主义抬头，那么可以预想到运用文本主义、结构主义和原旨主义解释宪法的情况也会增多。那些追求正确适用法律获得判决结果的法官和追求纯粹客观学术研究成果的学者仍将会运用上述方法解释宪法。

上述评论最终促使我思考大陆法系国家在法律解释领域中可能的最大优势，那就是一个特定的，被那些具有不

---

〔41〕 Miller, “Rights and Structure in Constitutional Theory”, 8 *Soc. Phi. and Pol.* 196, 198 (1991).

同个人背景、经济观念和政治立场的法学家和法官所广泛共享的法律文化。正如道森的研究表明，“假如一种亲密而有效的合作关系并没有在司法职业和法律学者（他们都受到同样高度有序的法律观念体系的良好训练并能够坚定地保持这些法律观念体系）之间保持下来，那么可预测性和连贯性就不太可能在德国法当中保持这么高的程度”。[42]

只要美国的法律职业还未达成最低限度的一致意见，即法官、执业律师和法律学者有一定的职责和责任，个人利益和偏好必须服从这些职责和责任，那些分享斯卡利亚大法官法律价值观念的美国人就不太可能赞成那些在“民法世界”许多方面运转得相当有效的解释技术（尤其是百 112
搭牌式的、无法预知的目的解释方法）。我们的法律文化也能够解释为什么许多怀有民主和法治价值观念的美国朋友被迫强行赞成大多数民法法系国家的法学家可能认为是过度僵化形式的文本主义。正如道森所说，“我们有许多方面需要向德国法学习，我们应该十分乐于赞赏他们所取得的成就。但这并不是说我们要仿效”。[43]

---

〔42〕 Dawson, “The General Clauses”, 455.

〔43〕 “Unconscionable Coercion: The German Version”, 89 *Harv. L. Rev.* 1041, 1126 (1976).

民主价值观念的主题将我导向最后一点评论。在斯卡利亚大法官的结语中，他警告道，假如公众察觉到宪法解释只是为了巧取豪夺，那么权利法案将不再适合用于保护重要的自由权利免受多数人统治的侵害。在他本部分的叙述中，这个可怕的“妖怪”就是多数人的暴政，这与许多司法批评家所述故事中的恶棍是一样的。

多数人的暴政听起来确实令人担忧。它使人联想到农民们拿着干草叉猛烈地攻击科学家的城堡的场面。美国人最为基本的权利当中有一项就是，我们有通过商讨、教育、劝说，当然还有多数投票表决的方式来管理自我、管理社区的自由，对于那些更喜欢忘记这一权利的人们来说，这是一个再合适不过的口号了，这一点也不奇怪。但是当法院在一个接一个领域内排斥日常政治，并且当越来越多的有关日常生活细节的决策权被大规模地集中到私立和公共官僚机构时，多数人的暴政是否真的是一个国家面临的最大危险？哪一个更有可能性：不受约束的多数人将大行其道？还是我们共和政体实践中的民主成分将会凋谢枯萎，新形式的强有力的少数人的专政将会诞生？我们会更害怕哪一个：被激起的民众还是比平民更多知道平民应该需要什么的先驱者？

托克维尔（Tocqueville）曾警告道，暴政并不需要用
枪炮和喇叭来进行自我宣告。它的到来可以是很温和的。
当我们已成为只有臣民而没有公民的那些国家当中的一员
时，暴政是如此温和以至于我们几乎没有注意到。它是如 113
此地温和以至于假如有一个善意的外国人建议“或许你可
以对你所受的压迫做些什么”，我们可能抬起头来，感到困
惑不解，然后问道：“什么压迫？” 114

评论·四

comment

罗纳德·德沃金
Ronald Dworkin

纽约大学法学教授、牛津大学法理学教授，著有《认真对待权利》(Taking Rights Seriously)《原则问题》(A Matter of Principle)《法律帝国》(Law's Empire)《老年痴呆的哲学问题》(Philosophical Issues in Senile Dementia)《英国权利法案》(A Bill of Rights for Britain)《生命的支配权》(Life's Dominion)，获哈佛大学和牛津大学学士学位，哈佛法学院硕士学位。

一

斯卡利亚大法官做了两场关于法律解释问题的演讲。在演讲中，他没有引证德里达、伽达默尔，也没有引证解释循环理论，就异常清晰地提出了法律解释理论。这是了不起的成就。但我却认为，他严重误解了宪法总体说明的含义，因而他的演讲患了精神分裂症。他以承认某种宪法裁判风格的理论开始，又以谴责该宪法裁判风格的理论结束。

他的论证从严格区分法律条文和立法意图开始。“人的意图可以随心所欲”，他说，“但能够约束我们的只有他们制定的法律”。[1]他嘲弄诸如“圣三一教堂案”之类的判决。在该案中，最高法院基于法律条文的“文字”（letter）会禁止教会的作为，从而推定说，国会不会希望那种结局。确实，他所怀疑的正是整个立法“意图”的思想观念。他说，大多数国会议员从未考虑过不可预见的、而法院却必

〔1〕 Scalia, “Common-Law Courts in a Civil-Law System”, p. 17.

须面对的解释问题。然而，马虎的读者可以做出这样的反驳——任何成文法解释的连贯性都建立在对某人（或某机构）意图的假设基础之上，斯卡利亚自己也在多处承认这一点。斯卡利亚承认，法院应当矫正“代笔人之误”。〔2〕
115 他反对“严格的宪法文义解释”。他认为最高法院在“枪支”案（*Smith v. United States*）中的“文字主义”（literal-ist）判决是愚蠢的。〔3〕他坚信，至少某些解释的“原则”（canons）是意思（meaning）的“表征”（indication）。〔4〕他还说，如果认为保护言论和新闻自由的宪法第一修正案不适用于手稿，从技术性的角度来判断，手稿既不属于言论，也不属于新闻，那也未免太荒唐。〔5〕

前述每种剖析都允许意图得到远比定稿文字文本多得多的尊重，因此，我能想到的上述一些简单反驳指出了不周延之处。为斯卡利亚辩护的人可能会反驳说，他不是极端文义解释者，这些修正只不过是承认社会常识（common sense）和社会实践（practicality）罢了。但这种辩护意见

---

〔2〕 *Id.* pp. 20.

〔3〕 *Id.* pp. 23 –24.

〔4〕 *Id.* pp. 27.

〔5〕 *Id.* pp. 37 –38.

误解了反驳的意见。反驳的意见认为，正是这种承认完全破坏了斯卡利亚的立场，因为这种承认不仅认识到立法意图的可理解性，还认识到立法意图的优先性，而斯卡利亚开始都反对这些。如果法官可以诉之于某些预定的立法意图给含义平平的“言论”和“新闻”添加些什么，或者给含义平平的“使用枪支”剔除些什么，那么，为什么不可以同样诉诸立法意图而允许牧师进入本国呢？要回答这个责难，斯卡利亚是不能指望那个自我毁灭的“社会实践”理论的。他必须求助于意图之间的分类，虽然他没有明确说明这种分类，但如果不以该分类为支点，其理论势必无法成立。

这就是官员在制定法律条文用词时想说（say）的，与他们通过这种说法想要（或期待或希望）的结果（consequence）之间所存在的关键区别。例如，老板（眼睛都不眨一下地）指示经理录用最适合新岗位的求职者。老板可能会想，他自己的儿子（也是一个求职者）显然最合适不过；但他在弄清楚经理是否有同感之前，也许还不会明确指示。然而，老板**所说**（said）的和**想说的**（intended）都是：应该录用最合适的求职者。如果经理认为其他求职者比老板的儿子更合适，但为了保住自己的职位而录 116

用老板的儿子，那么，他就没有执行老板已经意定的那套标准。

所以，我所说的简单的反驳是错误的。它从斯卡利亚文义解释引证中推定的错误根本就不是错误，因为文义解释坚持遵从一种意图（语义意图），而且从他所引证的言论来看，斯卡利亚遵从着那个意图。任何读者阅读作品时必须关注文本的语义意图，实乃因为同音同字可用来指称不同意图之故。假设我告诉你（斯卡利亚的例子）我喜欢 bays*，你就会揣摩着我想说我喜欢某种马或某块水域。在你思量清楚我的话语之前，虽然你知道我说了话，但你不知我所云为何。“使用枪支”这组语词，在某些语境中通常有持枪用以威胁之意，而在其他某些语境中则意指持枪用以其他目的，如交换等。对于使用相近语词的场合，我们很难知道国会真正说了些什么。但如果我们有合理的理由推断，国会在任何情况（包括所有的立法情形）下，所做的就是所想的，那么问题就会变得简单。

当我们想知道他人想说些什么时，我们通常都在琢磨，哪种解读最适合于他的表达。解读什么以及解读如何可能，

---

* bays，在英语中，有海湾、枣红马之义。——译者注

这是复杂、深邃的哲学问题。我们揣摩说话者的内容时，
经常会把我们对说话者的一些推测掺和进去，例如他相信
什么、需要什么，他之所以相信和需要的理由是什么。[6]
但如果我们解读的对象不是某个自然人的言辞，而是诸如
某个立法机关之类的机构的言辞时，难度就会大大增加。
我们依赖于人格化的假设——假定机构也有自己的语义意 117
图。我们应该在何种意义上，或者应该使用何种特定标准
才能揭示或解释此类意图，确实很难把握。在这些问题上，
斯卡利亚不会同意我的观点。[7] 不过，在我所强调的区分
的重要性问题上，我们又高度一致：立法机关在制定的法
律条文中所想说的（适用法律的法官必须解释），与众多
立法者个人对法律条文所期待或希望的结果（它是与前者
截然不同的事物）之间予以区分。

“圣三一教堂案”显示出其间的差异性和重要性。毫无疑问，国会想说，对其所使用词句的理解应该顺其自然。不难想象（也许事实上就是），如果真的出现此类问题，大多数议员会投票同意对英国牧师网开一面。这确实是一

---

〔6〕 参见 Quine、Grice 及 Davidson 的著作。

〔7〕 See chapter 9 of my *Law's Empire* (Harvard University Press, 1986).

个吊诡的期待问题，而不是语义意图问题。斯卡利亚强调，法律是国会所说的东西，它体现在语词的最佳解释中，而非某些国会议员所想要、所期待或所假定会出现的东西，也不是倘若由他们审理案件，他们所想要、所期待或所假定会出现的东西。[8]这个论断肯定存在争议。有些法学者认为，法官按照对大多数国会议员所想或应该所想的合理推测审理案件，即使在他们所使用的语词没有体现那些真实或假想的意图时，也如此审理，更体现了民主的要求。他们还认为，立法应该反映那些由人民选出的代表所认为的对国家最有利的事情。但斯卡利亚反对这种说法：他说，正如他们*在“圣三一教堂案”中所做的那样，在语义意图与期待意图发生冲突时，赋予语义意图的优先地位更体现
118 现民主。

〔8〕 却伯教授在“圣三一教堂案”中提出了法律文本的合宪性问题，即是法律文本的含义还是法律文本意图要表达的含义应符合宪法的问题。与斯卡利亚大法官一样，我对这个问题也进行了思考。

* 指包括斯卡利亚大法官在内的美国联邦最高法院的大法官们。——译者注

二

接下来就斯卡利亚的司法职责理论的最重要部分，即解释高度概括的《权利法案》及后来的赋权类修正案，来研究一下文义解释。斯卡利亚认为自己是一个宪法“原旨主义者”。但我们前文所做的区分使我们进一步划分出两种原旨主义：“语义”原旨主义强调，授权条款应解读为制定者想说的东西；“期待”原旨主义主张，授权条款应理解为制定者期待出现的结果。个中差异，在“布朗诉教育委员会案”中表现得非常明显：“法律平等保护”的第十四修正案是否禁止在公立学校中实行种族隔离？众所周知，投票赞成通过该条款的大多数国会议员都不希望有这种后果：他们自己都在哥伦比亚学区的公立学校里实行种族隔离。[9]由此可见，期待原旨主义者会把第十四修正案解读成允许种族隔离，从而宣称法院判决错误。可惜，对政治

〔9〕 近期的文献，请参阅 Michael J. Klarman, Browm, *Originalism and Constitutional Theory*: *A Response to Professor McConnel*, 81 Virgia Law Review, 1881 (1995).

家使用“法律平等保护”这一用语时想要说些什么，目前尚未找到合理的解释，我们无法认定他们明确宣告了种族隔离合法。但最高法院认为，从语义意图的最佳解释中可以推断出，他们想要，而且已经制定出了一条基本的政治道德原则（1954 年变得明朗），对种族隔离予以谴责。由
119 此可见，语义原旨主义者会赞成法院判决。

如果斯卡利亚忠诚于自己的文义解释，那么他就是一个语义原旨主义者。果真如此吗？看看他对死刑是否违反了禁止“残忍和不正常”刑罚的第八修正案的简短评论吧。期待原旨主义者当然会认为，死刑没有违反第八修正案，理由斯卡利亚已做论证。如果“国父们”认为第八修正案将致使死刑违宪，那么他们就不会不厌其烦地规定，“生命”仅得依正当程序才能剥夺。但对语义原旨主义者而言，问题要复杂得多。因为他必须在关于国父们在第八修正案中想说些什么的两种完全不同解读中进行选择。第一种解读认为，国父们使用“残忍和不正常”的词语是想说，在他们那个时代被看成是残忍的刑罚应当被禁止。那也就是说，如果他们说“在本法制定之时，死刑惩罚被普遍认为是残忍的和不正常的”，而不是现在那些模棱两可的词汇，他们的意图就会表达得更清晰些。第二种解读认为，

他们想制定抽象的原则，禁止任何残忍和不正常的刑罚。当然，如果第一种解读正确，死刑就没有违反第八修正案。但如果第二种正确呢？又因为规定得过于原则，对他们想说些什么还要解读，问题还是没有解决。前文指出，经理只能用自己的判断执行老板的原则性指示，同理，法官适用第八修正案时，也必须判断死刑是否残忍或者是否（至少在民主国家中）已经变得不正常了。

斯卡利亚引证的那个文本，对那些对第八修正案进行原则性解读而不是时代性理解的语义原旨主义者而言，毫无关联性。下列这些主张是合理的：国父们在第八修正案中只提出了禁止任何形式的残忍和不正常处罚的原则。他们自己并不期待或打算让这些原则废除死刑，所以他们只 120
规定，死刑必须符合正当程序。但这并不意味着他们提出的抽象原则没有禁止死刑，也不违反他们自己的愿望。例如，立法机关制定法律禁止猎杀“濒危物种”的动物。但后来，对猎杀其他动物如貂，也要求获得特别许可。可想而知，那些投票赞成制定法律条款的立法成员并不认为貂就是濒危动物。但在法律上，我们无法从那个事实中得出结论说，即使貂**确实**处于濒危状态，我们把它排除出禁止猎杀之列也是合理的。后段的论证与“圣三一教堂案”的论证一致。

现在就容易理解我提出的斯卡利亚的前后一致性问题了。他说，死刑违宪这一观点显得如此荒谬，以至于它令人疑惑为何三位与他共事的大法官事实上支持了这一观点。〔10〕如果他是个期待原旨主义者，我们也许对他的论点和论据不会感到惊讶。但对一个语义原旨主义者来说，问题并不是仅仅提及宪法其他条款中的死刑字眼就能解决的。他同样需要认为，第八修正案的最佳解读是时代性（dated）解释而不是原则性解释，而且即使赞成时代性解读的人们也不会认为原则性解读太过荒谬。

反倒是时代性解读看起来怪怪的。很难想象，十八世纪老于世故的政治家，在深谙普通道德语言直白含义的情况下，还会使用“残忍”一词代称“我们现在认为是残忍的那些东西”。他们当然知道在需要时如何做到具体：第
121 四、第五、第六和第七修正案涉及刑事和民事程序的条款没有说“公平”“正当”或“普通”程序，而是制定了非常具体的条款。假如他们想制定时代性的条款，他们能够且应该已经写得非常直白。当然，我们无法想象麦迪逊及

〔10〕 Scalia, “Common-Law Courts in a Civil-Law System”, p. 46.

其同时代人会如此而为：不应该保护那些条款中的基本权利。不过它确实意味着，时代性解读是赤裸裸的误读。

由此看来，斯卡利亚对于第八修正案作者们关于其欲表达之物所进行的最自然的表述缺乏耐心是令人费解的。我以为，之所以如此，原因之一是他对他称之为“随机应变”（morphing）的宪法理论——宪法赋权条款必须随着时代需要和时代精神发生变化——的担心。他认为，这种随机应变的理论是“主流”。不过，这确实太不明智。我从来没有听说过当代哪个著名法官或学者有他那样的主张。确实，过去也有人主张把宪法比喻为“活的”宪法，但这种说法不应该理解为对随机应变理论的肯定，而是应该作如此理解：假设斯卡利亚是个语义原旨主义者，就可以期待他自己就会认为，从宪法条款的原旨意义而言，宪法条款的核心内容只规定了抽象原则，而非具体的时代性规则。如果这种说法成立，那么这些抽象原则适用于具体个案势必会经常得出各种新的判断，因而也必须不断地对其进行审查。审查的目的不是取代宪法所规定的内容，而是尊重宪法所规定的内容。

在过去十几年里，我在一系列著作中一直捍卫着上述

观点，[11] 其中我所写的某些关于宪法本身在变动的内容可能会打动斯卡利亚，尽管我的所指是其反面。例如，我曾
122 经说，要保持法律的统一性，法官就必须善待既往判决，“宪法要求，我们的法官必须竭尽全力，薪火相传，共同建设、复查和修订——宪法中的高级条款以庄严的抽象概念所要求的——重要自由和平等的框架”。[12]

斯卡利亚必须提供反对理由的，是宪法的道德解读和原则性解释，而不是他所表述的神秘的随机应变理论。却伯教授的评论也认可对宪法条款进行道德解读。例如，他建议，第一修正案应该理解为抽象的法律原则。[13] 由此我们可以推知，斯卡利亚对却伯教授的回应表明他反对原则

---

〔11〕 See chapter 10 of *Law' Empire*, *supra* note 7, *Life's Dominion* (Alfred Knopf, 1993), and *Freedom's Law: The Moral Reading of the American Constitution* (Harvard University Press, 1996).

〔12〕 *Life's Dominion*, *supra* note 11, 145.

〔13〕 我假定却伯同意一些宪法性条款在语义上较为原则，尽管在他的文章中他称此类条款为“理想性的”，该术语通常用来表达政府应努力实现目标以区别于遵守法律的规定。例如，许多当代宪法制定了“理想的”经济和社会权利宣言实现上述目标。斯卡利亚可能就是在那种程度上将却伯对第一修正案的观点表述为“一个美丽的理想”。基于斯卡利亚在 Tanner 演讲（March, 1995）中的口头回应。后面会提到 Tanner 演讲的回应。宪法文本的抽象原则和其他法律条款一样具有更多的强制性和更少的理想色彩。See*Freedom's Law*, *supra* note 11.

性解读。斯卡利亚认为，第一修正案不应该看成是抽象的，而应该看成是有具体时代性要求的。也就是说，第一修正案应该解读为它仅仅保护其制定之初的人们普遍理解的那些权利。他陈述了三点理由：第一，既然《权利法案》的大多数条款都是非常具体的——例如，第三修正案禁止和平时期驻军的条款——也许国父们想把所有条款都制定成这样；第二，也许国父们急切要求他们自己关于尊重言论自由的观点在受到后代反对时也能够获得保障；第三，在任何时候，国父们应该都不会让法官制定宪法性道德原则。〔14〕 123

上述说法只考虑了宪法条款起草者的期待，却忽略了宪法条款的自然语义。而这些说法原本会遭到斯卡利亚在讨论宪法制定时的嘲笑：第一，为什么“国父们”不认为把具体权利与抽象权利糅在一起可以最好地保护他们在序言中列举的（明显抽象的）目标？没有哪个国家的宪法只规定抽象条款，所以推定《权利法案》的起草者已然受到那种风格的影响，理由并不充分。第二，我曾经说过，启蒙思想家并不认为他们的观点就是道德发展史上的金科玉律，不得更改。如果他们确实很担心后代保护权利的力度

〔14〕 Tanner 演讲的回应。

不如他们，那么他们就应该更加明白地说，他们意图制定时代性的条款。第三，必须区别宪法所意指什么和哪个有权机构最终决定宪法所指这两个问题。正如不少评论所言，如果，“国父们”希望法官享有这种权力，或者他们担心抽象权利产生不良后果，那么他们本应该会特别小心地起草那些具体的时代性条款。反之，如果他们不希望出现司法审查，那么斯卡利亚的第三点论证将因之失效。由此看来，第一修正案就是他的“圣三一教堂案”。

而且，他还明显忽略了一个决定性命题，这个命题可以用来反驳第一修正案的时代性解读。即使国父们已经想到需要制定时代性的言论自由条款，关于这一条款也不存在一个普遍被接受的理解。还要看到，修正案在起草过程中，人们就对那项权利应该包括哪些内容进行了比现在还要深刻得多的争论。1798 年，多数派的联邦党人制定《惩
124 治煽动叛乱法》时，其中的成员就根据布莱克斯通的理论认为，“言论自由”仅仅意味着免予“预先限制”的自由——事实上就是免予提前禁止的自由——根本没有包括言论发表以后免予处罚的自由。[15] 反对派的共和党人对该修

---

〔15〕 最近围绕《惩治煽动叛乱法》的争议，参见 Anthony Lewis, *Making No Law*（Random House, 1991），第 7 章。

正案则持完全不同的观点：正如艾伯特·加勒廷（Albert Gallatin）（后来出任杰弗逊政府的财政部长）指出，“说惩罚某个行为不是限制某种行动的自由是荒谬的”。所有参加辩论的人都认为，第一修正案提出了一个抽象的原则，每个新判决都必须对之进行解释。在这里，联邦党人依据的不是当时的社会实践，因为这很难支持他们的理论，〔16〕而是布莱克斯通的权威理论。共和党人依据的也不是当时的社会实践，而是自由的逻辑。没有人会认为第一修正案把当时社会的某些共识固定下来了，也没有人会认为他们之间的深刻分歧就会影响某些社会共识的达成。

由此可见，斯卡利亚对第八修正案的评论同他对第一修正案的讨论一样令人费解。现在看看他对“法律平等保护”的第十四修正案的说法吧。他说，该条款“没有，此后在二十世纪二十年代也没有保证选举的平等，而是允许因为年龄、财产和性别的不同而有所差别”。〔17〕为什么他就这么肯定平等保护条款没有禁止因为年龄、财产和性别（或者性取向）而导致的不平等？当然，修正案通过时，

---

〔16〕 参见 Leonard Levy 和 David Anderson 之间交流的观点，概括于 *Legacy of Suppression* 一书，1985 年版。

〔17〕 Scalia，“Common-Law Courts in a Civil-Law System”，p. 47.

少有人会想到该条款会有那种后果，更不会想到该条款还
125 会导致学校隔离措施违法的后果。但是，语义原旨主义者将反驳道，这只是国父们以及后来的法律人所期望的，而非国父们真正所**说**的。如果翻阅他们的文本，我们看不出种族歧视与其他任何歧视之间有什么不同：语言非常简练、抽象和原则。但斯卡利亚从这些有限的语言文字中读出了：它们不仅没有建议，而且也不能容忍（种族隔离）。为了证明自己的正确，他还说政治家们不但（对种族隔离）有所理解，而且还有所期待，只是他们在文本中没有留下记录而已。平等保护条款，也许可以说就是缠绕着斯卡利亚的“圣三一教堂案”。

那么，情况如何呢？为什么在演讲之初是一个坚定的文本主义者、词典语义捍卫者和期待主义的嘲讽者，在谈到那些最基本的美国法律文件时又会改变立场呢？他在演讲的最后部分给出了关键性的答案。他说得不错，如果我们阅读《权利法案》抽象条款的方式是，写什么，就读什么；也就是说，我们阅读（《权利法案》的抽象条款）是为了揭示作者们到底想说些什么，而不是想知道作者们到底希望这些条款产生什么后果。那么法官就必须将这些条款看作抽象道德原则，从而必须在认定其真实要求时做出

道德判断。这并不意味着要藐视先例、忽略文本、割裂历史连续性甚至改变宪法。恰恰相反，它意味着必须严格落实法律文本。因此，许多保守派法官会指斥语义原旨主义不符合民主要求。他们说，民选法官不应当担负这种责任。但斯卡利亚则几乎提出了完全相反的理由。他说道，道德解读赋予人们的权力不是太少了，而是太多了。因为这种解读会使得最高法院的法官任命变成政治游戏，也会使得那些迎合多数人心理的法官更容易获得任命。他担心，宪法保护的个人权利将因此而受到损害。

历史却是另外一番景象。那些坚持对宪法进行道德解读的法官成为捍卫个人权利的斗士，而不是敌人。罗伯特·博 126
克（Robert Bork）提名*的政治失败说明，人们所钟情的不仅有道德性的解读，还有个人主义的内涵。斯卡利亚认为，宪法虽然蕴含着丰富的财产权，但几十年来都没有受到应有的重视，他为此担心财产权会衰落下去。他提醒自由主义人士说，刑事被告人权利的处境也十分危险。但即使人们相信斯卡利亚的说法，即法院在忽略财产权方面确

---

* 指博克被提名为美国联邦最高法院大法官遭到反对而失败的事件。另外可以参见德沃金所著《自由的法》有关章节。——译者注

实已经走得太远了，以及马里兰诉卡耐基案（*Maryland v. Craig*）对某项生效的宪法性权利问题进行了妥协，这些假定的过错也不能盖过——法官对于高级条款进行抽象解读而得来的——个人自由的优点。

然而，这表明了斯卡利亚的理论支点，他的所有论断都以此为基础。对于斯卡利亚整体演讲前后的不一致，这算不上是一种论证的话，也算得上是某种终局性的解释。斯卡利亚是从多数主义者理论中提出其文义解释的基本论断的。他说，如果解释法律规范不按照公开文本进行，该文本在立法者投票表决之前便呈现在他们面前，此后也能够为共同体中的每个人所查阅，那么这不符合民主要求。但另外一方面，他在反对文义主义宪法解释的基本论断中又反映出他对多数主义者规则持有某种保留看法。与我们大多数人一样，斯卡利亚关于民主的观点很复杂，也很矛盾。我不赞成他关于哪些个人权利是真正的和重要的，以及道德解读是对自由的威胁还是促进的判断。但我赞成他的另一个说法：最终来讲，在法学理论中，政治道德的吸引力是最大的动力。而这种吸引力在他自己所热爱的忠于
127 文本的事业的盛衰之中，体现得尤为明显。

回 应

Response

安东宁 · 斯卡利亚
Antonin Scalia

我需要对诸位评论者的评论加以回应。对每位评论者回应的长度（无论是直接的还是相反的回应）与我对他们所评论的问题的价值判断无关，事实上四位的评论确实都非常好。只是有的评论需要我更为详细地阐述。

伍德教授

在伍德教授的评论中，我主要关注的问题是，他断言在英国法律体系中成文法“必须基于普通法的其他部分才有意义”，比如普通法中存在内在的否认成文法的司法权。伍德教授将柯克大法官在博纳姆医生案（*Dr. Bonham's case*，1610）中的陈述接受为惯例，即“在许多案件中，普通法将审查制定法并且有时可以裁决它们完全无效：因为倘若一部制定法有悖一般的权利和理性，或令人反感，或不可能实施，则普通法应可审查它，并裁决这样的法律

无效”。[1] 这根本就不是一种惯例，而是一种扩大司法权的主张，并未得到很多权威性的支持，[2] 在当代受到了强
129 烈的批评，[3] 并且柯克本人很显然已经在《英格兰法律总论》中放弃了这一主张。[4]正如贝克教授所描述的，“在英国很少听说对成文法的司法审查，柯克1610年的原则也被缩减为仅适用于一种情形，即成文法模糊或者需要通过必要的含义做出限制的情形”。[5]真正的传统是由布莱克斯通所确定的：

> 我知道，普遍接受的观点是，与理性相矛盾的制定法是无效的。但是，如果立法机关要积极地制定一部不合理的法律，我认为没有权力可以审查它：通常宣称支持这种规则的例子无一证明，

---

〔1〕 Dr. Bonham's Case, 8 Co. Rep. 114a, 118a, 77 Eng. Rep. 646, 652 (K. B. 1610).

〔2〕 *See* Theodore F. T. Plucknett, *Bonham's Case and Judicial Review*, 40 Harv. L. Rev. 30, 35-48 (1926).

〔3〕 前引书第49-52页。

〔4〕 Edward Coke, *The Fourth Part of the Institute of the Laws of English* 37, 41 (photo. reprint 1979) (London: M. Flesher 1628). *See also* J. H. Baker, *An Introduction to English Legal History* 242 (3d ed. 1990).

〔5〕 Baker, *supra* note 4, at 242.

> 在法律不合理的情况下，法官有权拒绝该法律；因为这将使司法机关凌驾于立法机关之上，这对于所有的政府都是颠覆性的。[6]

我认为，上述记载都没有支持伍德教授所相信的布莱克斯通确定了一种新的十八世纪的原则，该原则产生于“议会主权观念和法律实证主义观念的出现”。布莱克斯通并不新奇，倒是“博纳姆医生案”有些怪异。我同意伍德教授的观点，即英国法官主张“有能力通过解释制定法的方式将成文法置于整个法律结构中”。我的演讲承认（并且确实坚持认为）现代美国法官具有同样的能力。不过，解释成文法中的模糊之处以与普通法相协调，完全不同于否认与普通法的“正当性和理性”相矛盾的一般性法律规定。

援引布莱克斯通的观点表明了我对伍德教授的另外一 130
点不同意见。从“我们承认立法与司法的巨大区别是一种现代区别”这一前提出发，他得出的结论是“英国和美国法律结构中包括大量普通法式的司法解释，这深深地根植

---

〔6〕 1 William Blackstone, *Commentaries on the Laws of England* 91 (photo. reprent 1979) (1765).

于历史”。我确信，通过他的前提得出的意思并非立法和司法的内在差异仅仅在现代才得到承认（亚里士多德看得非常清楚）；[7]而是欣赏司法功能从立法功能中分离出来是一种现代的发展（现代，即历史学家而非记者所使用的术语，是孟德斯鸠意义上的现代）。我假定那是正确的。在美国历史上的殖民地时期，殖民地立法机构经常以法院的身份作出判决。[8]不过，尽管立法机构通常可以进行裁判，我不认为有证据表明审判法庭（例如与作为立法机构的普通法院对应的马萨诸塞最高法院）具有立法权，即在司法裁判过程中改变或违背成文法。相反，可以接受的观点是（虽然柯克大法官在博纳姆医生案中也接受）法院原则上要受成文法的约束。

这并不是说我接受伍德教授的下列结论，即司法改写民主性法律文本的问题“深深根植于我们的历史”，并且“法官从一开始就可以运用那种假定的非民主的权威”。承认此结论简直就是承认总是有些任性的法官（无疑这总是

〔7〕 *See* Aristotle, *Nichomachean Ethics*, in 2 *The Complete Works of Aristotle* 1795 – 96 (Jonathan Barnes ed., 1984).

〔8〕 See the discussion of this point in Plaut v. Spendthrift Farm, Inc., 115 S. Ct. 1447, 1453 – 56 (1995).

存在）用自己的意愿曲解法律。不过，承认错误是一回事，接受错误又是另一回事。伍德教授在归纳“过去的三四十年中，强化的司法自由裁量权和法官造法代表的是一种量的变化而非质的改变”时，在我看来，他忽略了这种区别。131
当任性的法官不再安静地从事自己的工作，当他们公开地宣称并且在法学院讲授说，法官应该使法律和宪法表达他们认为是最好的东西之时，我想这是一种质的变化而非仅仅是量的改变。

伍德教授认为，文义解释，正如我所探讨的，是“与立法目的或其他解释方式一样易受司法裁量与司法扩张影响并向它们开放的，如果持文本思想的法官是如此有倾向性的话”。我不同意此观点。例如，合理的原旨文本主义（textualist-originalist）的解释并非源于三位非文义解释大法官支持的美国宪法禁止死刑的规定，或源于大多数法官支持的禁止堕胎的法律规定。而且运用“立法意图或其他解释性方法的”法官并没有完全放弃文本，而是将许多文本外的方法融入文本的具体适用中。当然，我承认，对于希望强加其意志的法官来说，文义解释并不具有坚强的防护性，但它确实提供了一定的防护。相比而言，“立法意图的”标准则积极地邀请法官强加其意志；通过让他去寻找乌有之物的方式（严格而言几乎不存在任何真正的立法意图），它引导他去推断最合理的立法机构原旨意图，而这通常与法官本人认为的最佳意图是一致的。其他非文本的方法也是类似的意愿导向。

最后，我要回应伍德教授关于我的演讲令人沮丧的感觉，即我所说的——法官发挥立法者功能的倾向——毕竟“只是我们美国人关于我们法官的问题的一方面，而这可能更多的只是问题的现象而非成因”。我想，每个问题对于其
132 他问题而言都“仅仅是其一部分”。例如，我们美国法官存在的问题仅仅是我们美国政府面临问题的一个方面，相应地，美国政府面临的问题仅仅是美国生活的一个方面。不过，如伍德教授所描述的那样，终身法官是否有权修改人民和他们的代表通过的法律和宪法不仅仅是一个“重要”的问题，而是关系到民主政府存在的最终核心问题。伍德教授或许正确地指出，我所讨论的问题仅仅是更为根本的疾病的一种“现象”；我想再次表明，大多数事物都是如此。不过，尽管我不知道那种更为根本的疾病是否可以治愈（或者甚至不知道这一病症是什么），我确信我们能够引导法官，正如我们引导总统和官员那样，保持他们处于合理的权力范围内。

却伯教授

我对却伯教授主要的回应是，他对我们之间有关法律解释方法的共识比我认识到的要更多。他是正确的，我们都认识到起草者意图的不相关性。不过，他还认识到，除了极为有限的在查明“内容的文字结构”的情形下，文本颁布者的理解同样也是不相关的。我所理解的他的意思是，一旦我们确信十八世纪的英文单词“言论”和今天的意思几乎完全一样的话，那么这就是 1791 年保证“言论自由”的社会给我们的启示。因此，“言论自由”这个词汇通过几个世纪的演化，制造出了后来的美国人渴望产生的任何结果。只要这些结果存在被归入“言论”的可能。或者，就如却伯教授更为温和的（但并非不令人震惊）描述的过程，词汇“开始一个代代相传的解释的历史航程……以几 133
乎可以确定不会静止不变的方式详细解释着文本的意义”。

在评论的其他处，却伯教授将这些变动条款（roaming provisions）描述为意在“反映……拓殖者关于自身及其子孙后代应当享有何种对抗政府的权利的理想”。我不相信这个判断。如果你有志向，你可以读一读《独立宣言》，宣称“人人生而平等”，具有“不可让渡的权利”，包括“生命、自由和追求幸福”。或者，你可以读一读比我们的《权利法案》还早两年颁布的《法兰西公民权利与人权宣言》，其中宣称“在权利上人生而平等和自由”，〔9〕“自由是能做不妨碍其他人的任何事情”〔10〕和“法律仅仅有权禁止那些对社会有害的行为”，〔11〕不像《独立宣言》和《公民权利宣言》，我们的宪法中没有这样的哲学探讨，它就是政府的实用性章程。接受宪法的人们将理想阐释在序言中：“为确保国内的安宁”和确保“我们及子孙后代的自由”。另一方面，文件的效力条款，包括《权利法案》，则具体而详尽。除了这些早先的描述，更多请参见例如第三修正案（“在和平年代，没有主人的许可，士兵不可进驻主人的住宅”）、第四修正案（“除非有受到宣誓或郑重声明支持的，并且特别描述了将要搜查的地方，将要抓捕的人或者收缴的物品的合理根据，否则不得颁发搜查许可”）和

〔9〕《人与公民权利宣言》（1789 年 8 月 26 日），第 1 条，译自《大英百科全书》（1985 年第 15 版）。

〔10〕前引注第 4 条。

〔11〕前引注第 5 条。

第七修正案（“普通法诉讼中，争议中的标的额超过 20 美元，陪审团审判的权利将保留”）。 134

除了这些毫无疑问的非理想性的条款，无疑还有其他孤立的或许被认为，或许不被认为是理想性的条款。例如第一修正案的“国会不得制定法律……剥夺言论自由”条款。一个人可能就像却伯教授选择的那样，将“言论自由”一词理解为一个美好的理想——就像“所有人生而平等”那样模糊的崇高原则——这种语句的准确含义，就像他所描述的那样，“只能通过道德哲学的过程来加以详细解释和适用”。另一种解释是，他描述道，人们可以将不被“剥夺”的“言论自由”理解成当时英国人尚存的言论权利。却伯教授认为我在这两个解释之间没有选择的根据，因为没有“宪法性的条款或说明”（除了第九修正案的有限条款）明确文件如何被解释。但这不意味着解释就无正误之分，意义的首要决定因素是上下文，在这个例子中否定了理想性的解释。

最为奇怪的是，理想条款被随意散布在《权利法案》那些非常具体、明显是非理想性的规定之中，“普通法诉讼中的陪审团审判数额超过 20 美元的争议”，接着是“人人生而平等”，接着是“家中不得藏有武器”。将所有条款看作同一种类型显然更为合理。却伯教授强调说作为保证“言论自由”和“法律正当程序”的条款是抽象概括而不是具体详尽的，但是抽象概括不等于富有理想。上下文表明，像具体详尽的条款一样，抽象概括性条款意味着确定当下的权利，而不是追求将来的理想，即用来扩张现行体制下所确立的权利和自由的抽象与一般性依据。同样的结
135 论来自于条款的明显目的。确保言论自由比今天更好是为了保证某些事物的持续性；确保（言论自由）比将来的理想更好则没有做出任何具体的承诺。

还有一重考虑是，如果却伯教授关于《权利法案》是富有理想的观点是正确的，那么大法官马歇尔将法庭作为最终的解释者就是错误的。隐含在“马伯里诉麦迪逊案”中的看法是，法官是法律天然的、合适的解释者——“它强调了解释法律是司法部门的范围和职责”。〔12〕然而，法官不是特定年代理想的天然适格的解释者，这项工作由立法者或者公民投票来完成更为合适。换言之，如果《权利法案》的承诺是理想性的，那么文本不可让与的解释权应

---

〔12〕 Marbury v. Madison, 5U. S. （1Cranch） 137, 177 （1803）. 换言之，正如伍德教授在前面所讨论的那样，马伯里诉麦迪逊案假定“宪法在普通法中具有高级法的地位”，前引第62页。

当像法国的《人权宣言》那样留给立法机构。

当然，按照却伯教授的解释方法，不是所有的宪法条款都是理想性的。如他所说，不是所有条款都“可以生成比其具体用语的含义更深更广的宪法原则”（我认为，“持有武器的权利”应局限于国民卫兵的毛瑟枪）。[13]当问题 136

〔13〕 却伯教授认为，第二修正案的序言（“纪律严明的民兵，为保障自由国家的安全所必需”）对于我将第二修正案解释为保障联邦政府不干预个人拥有武器自卫的权利而言是一种文本上的障碍。这种文本阅读存在许多缺点：它假定“民兵”指的是“挑选出来的公民战士”，Joyce Lee Malcolm, *To Keep and Bear Arms* 136（1994），而非1776年6月《弗吉尼亚权利法案》所界定的“训练有素的民兵”。参见前引第148页。[这也是詹姆斯·麦迪逊采用的“民兵”概念，他认为这能够保卫自由以防御宪法规定的常备军，宪法将民兵描述为“手中握有武器的公民战士达到50万”。*The Federalist* No. 46, at 322（Jacob E. Cooke ed., 1961）.] 后者的含义使得第二修正案序言与随后的规定具有同样重要的保证（“人民拥有武器的权利不应受到侵犯”）；前者形成了一种超越其文本目的的保证——类似于说“警官应遵守必要的法律与秩序，人民携带手枪的权利不应受到侵犯”。同样会令人困惑的是，美国宪法修正案所列的权利清单中有一个条款规定各州有权保留“民兵”。客观的研究强烈地表明，人民拥有武器的权利就是那种含义。此外还有Malcolm女士的出色研究（她不是密歇根民兵的成员，而是一位英国妇女），参见William Van Alstyne, *The Second Amendment and the Personal Right to Arms*, 43 Duke L. J. 1236（1994）。现代美国人不再像麦迪逊那样考虑欧洲政府“不信任携带武器的人民”，*The Federalist* No. 46；却伯教授所描述的变动的宪法通过有效地消除第二修正案可能会产生新的意见。不过，在第二修正案的原始含义方面，没有必要去骗我们自己。当然，恰当的理解是，国家对武器装备没有施加限制。

产生的时候，正如存在于任何读者的头脑中那样，哪一个条款启动了“一个解释的历史性航程”，哪一个条款却停留在原处；更进一步的问题是，什么决定了那些徘徊者的前进方向——却伯教授求助于“坦率……和自觉的谦逊”，拒绝以“确信”作为基础。他承认，他不知道其中任何一个问题的答案。事实上，他甚至不确定这儿有任何的答案，而仅仅有“远见和洞察力”而已。我并不轻视坦率和谦逊，这些美德在学术圈中尤其令人敬佩又弥足珍贵，如果我们前面的问题是品质问题，而不是解释理论的完整性，那么美德必定获胜。但是，对于那些必须决定宪法向前发展还是停滞不前，并且不被允许对“未决案件”作出坦率和谦逊判断的法官来说，这些美德是毫无用处的。

在这一点上，却伯教授以附加说明的方式来解构宪法。
137 他认为，合理的立场是，联邦法律的含义只是它们所表述的，不能通过文本外的方式予以改变，因为任何其他做法都将“绕过唯一一个联邦法律可被制定的程序，那就是美国宪法第一条所规定的程序”。不过，他指出，宪法中没有（也不可能有）任何地方说明宪法的含义只是它所规定的内容。在这一对比中存在一个谬论：人们不可能凭据毫无意义的宪法赋予其他依据宪法制定的法律以实质内容。如果我们不能保证宪法的含义就是宪法所规定的内容，那我们就不能保证联邦法律只能通过美国宪法第一条规定的程序来制定。解构是有趣的。这对于那些想要跟上现实世界生活节奏和行为步调的人们来说是相当无用的。却伯教授明显同意，因为在离题的结论中他承认［以一种“荒谬，故我信”（*credo quia absurdum est*）的方式］“尽管如此”，他没有任何理由地相信“宪法文本是首位的，必须被确定为最终的出发点”。我愿意接受这种勉强的承认并继续作出回应。

我必须对却伯教授因我前面的话而作出的论断进行回应。因为我曾“投票废除反对焚烧国旗的联邦和各州法律；废除基于种族主义观点的行为表达而筛选出特定的焚烧行为并给予特定惩罚的法律；废除基于屠宰动物是否属于宗教仪式而筛选出对特定的屠宰动物行为进行惩罚的法律”，所以从内心来说，我是一个理想主义者。他认为理想主义者是一种恭称，但是我必须谢绝这样一份荣耀。他选择的所有三个例子都与第一修正案有关，为此法院建立起了长期稳固的、易于接受的原则（不是出于与人们的一般习惯保持一致，而在于它们是否能解决宪法性的问题），而这些原则是有效的且难以被推翻。如却伯教授所表明的，我努

力忠实地运用这些原则的观点并没有证明我不忠实于我的解释方法。像任何其他一个付诸不断发展的法律制度中的
138 解释理论一样，原旨主义必须遵循先例原则，而不能将世界改造成一个全新的模样。对 1798 年《惩治煽动叛乱法》是否符合第一修正案的原始含义进行评判，其重要性不亚于评价马伯里诉麦迪逊案的是与非。原旨主义的独特之处不是重提过去已被接受的宪法性法律原则，而是拒绝侵犯新的宪法性法律原则。我对法律解释方法的忠实程度不应通过却伯教授选择的第一修正案的案例，而是通过以下案例来判断（仅以在刚过去的开庭期中作出的判决为例），通过这些案例发现：一项对同性恋者进行特别保护的新宪法性权利；〔14〕一项限制陪审团审判的新宪法性权利；〔15〕一项禁止因政党关系而排除出政府合同的新宪法性权利；〔16〕一项禁止单一性别州立学校的新宪法性禁令〔17〕以及一项对陪审团审判进行联邦上诉审查的新宪法性授权（approval）。〔18〕

---

〔14〕 Romer v. Evans, 116 S. Ct. 1620 (1996).

〔15〕 BMW of North America v. Gore, 116 S. Ct. 1589 (1996).

〔16〕 Board of Country Comm' rs, Wabaunsee Cty. v. Umbehr, 116 S. Ct 2342 (1996); O' Hare Truck Serv., Inc. v. City of Northlake, 116 S. Ct. 2353 (1996).

〔17〕 United States v. Virginia, 116 S. Ct. 2264 (1996).

〔18〕 Gasperini v. Center for Humanities, Inc., 116 S. Ct. 2211 (1996).

却伯教授显然认定，一位原旨主义者采纳先例原则是一件极不妥当的事情。当然不是这样。先例原则的全部功能就是让我们相信：出于稳定的考虑，那些通过合理分析表明是错误的事物也要被当作是正确的。这是所有解释哲学作出的一种妥协。却伯教授的解释哲学和我的差不多。对原旨主义者仅仅“忠实于他们的智慧”，并抛弃先例原则的要求，在本质上就是这样一种要求。他们的解释方法对于既定的事物如此具有破坏性，以至于仅在学术活动的意义上有用，而在司法审判中不具有可操作性。却伯教授认为，我对于是否援引先例原则的假定，为我“制造了便 139
利之门，将我自己的观点和价值”植入法律中，因而我的解释模式在防范之列。我不能否认，先例原则对于恣意妄为提供了一些机会，尽管我努力通过一致性规则来约束自己对该原则的运用。〔19〕我从未在任何情况下主张原旨主义可预防任意而为，仅仅是（不像理想主义那样）没有迎合

---

〔19〕 *See e. g.*, BMW of North America, Inc. v. Gore, 116 S. Ct, 1589, 1610（1996）（斯卡利亚大法官的反对意见）；Planned Parenthood v. Casey, 505 U. S. 833, 993（1992）（斯卡利亚大法官在判决中部分同意部分反对意见）；Walton v. Arizona, 497 U. S. 639, 672 – 73（斯卡利亚大法官在判决中的附和意见）。

而已。最后，却伯教授注意到的事实是，无论我在运用先例原则的过程中采用什么规则，这些规则都无法在宪法的原始含义中找到。却伯教授对于这一事实的关注显然是令人费解的。正如我已做过的解释，先例原则不是我的原旨主义哲学的组成部分，它是个实用主义的例外。

却伯教授认为，“具有很强时间跨度的文本不能以与其他文本相同的方式来进行解读，比如在特定时期为解决一个具体的问题而及时制定的法律或规章”。对此我完全同意，这确实和我刚开始讨论宪法解释时如出一辙。但是以一种不同的方式进行解读并不意味着以一种改变含义的方式进行解读。以一种狭隘的、墨守成规的方式描绘原旨主义简直就是一种讽刺，正如将宪法描绘成“以极其特别的，如规则那样的条款”罗列的权利清单那样。例如，我将许多事物都包含在“言论自由”中，而它们在 1791 年事实上是不被保护的，因为它们当时并不存在，比如电影、收音机、电视和电脑，这只是略举几个例子。原旨主义者必须经常将早期对不同种类自由的理解运用于当时并不存在的新法律和新现象之中。这是个艰巨的任务（虽然不像凭直
140 觉感知或者规划社会发展目标那么困难），这解释了为什么原旨主义者对所有的问题并没有现成的答案，有时候他们

相互之间也有分歧。[20]不过，却伯教授以具有“时间跨度”的方式来界定宪法，完全不同于说宪法没有连贯的含义，所以在1791年被认为完全合宪的某部法律（例如，政府任职和政府合同中的政治捐款）可能在今天就是违宪的。

我很赞同却伯教授这一表述：“通过对宪法其他部分的正式修改程序，宪法性条款有时候获得了新的含义。”例如，最初的十个修正案导致了制宪机构授予联邦的权力比原有的更受限制。这是一个标准的文本解释。不过，在却伯教授看来，宪法修改程序的存在和运用会更加不可捉摸，因为“我们所理解的‘宪法’历经数代，涵摄了一系列及时反映社会过去或未来的信息，而这些信息经历了时代的锤炼”。对我来说，修改程序的存在和运用，不是将宪法与其他以民主方式产生的法律区别开来，而是说它们之间有相通之处。修改过的法律所反映的社会状况程度不能超出修正案文本要求的范围。如果意欲成为更持久文件的宪法应经过特别的修改程序，那么人们起码会认为，未明示不

〔20〕 比较在McIntyre v. Ohio Elections Comm’n案中我的观点与汤姆斯大法官的观点，115 S. Ct. 1511（1995）.

意味禁止[21]这一普遍的解释规则应得到**更为严格**的适用。当我想更加具体地面对却伯教授的观点时，我有些迷惑，因为他提供的仅有的例子是第十四修正案，而且他所提到
141 的唯一反映社会效果的例子，不是通过修正案的文本，而是通过随后判例法中的意见即正当程序条款，将《权利法案》的适用范围扩张到了各州。如果第十四修正案载明“迄今为止仅仅是对联邦政府的一种限制的权利法案，以后也将是对各州的一种限制”；就为下面的理解提供了空间，即 1868 年对《权利法案》的理解*不仅是针对各州，同时也针对联邦政府。但是，这些在却伯教授的论证中却只字未提，因为他不希望像对待 1791 年的价值那样，将 1868 年的价值奉为至高无上。他希望宪法通过各种方式来达到 1996 年的价值，这其中有一个半世纪的路程需要跋涉。在我看来，适应社会发展的宪法修改程序这一概念无法对飘忽不定的宪法进行文本合法性的论证。如果宪法的文本结构和诗歌无异，那么成文宪法的用处就不大了。

以一个愉快的通知作为结尾，我欢迎却伯教授加入

---

〔21〕 *See* Posadas v. National City Bank, 296 U. S. 497, 503 - 05 (1936).

* 即第十四修正案。——译者注

“怀疑实质正当程序原则”的行列中来，虽然在这种转变中，我的喜悦中会夹杂着失望，确切地说是一种预感。因为他会同时宣布，从此以后，宪法条款而不是正当程序条款，将会成为他的话语工具。却伯教授对实质正当程序的怀疑——这一怀疑在他的脚注所引用的一篇法律评论文章中有详细阐述——建立在他的如下结论上：尽管“任何投票批准”第十四修正案的“州内立法机构”“都应理解（正当程序条款）既具有实质内容也具有程序内容”，但“实质正当程序这一矛盾修辞的基本语言结构……有巨大的威力”。〔22〕哎，即便我们认同结论，却伯教授的理论观点和 142
我的也还是大相径庭。如果我相信第十四修正案被通过时，“正当程序”意味着“正当实质”的话，〔23〕我当然不能仅

〔22〕 Laurence H. Tribe, *Taking Text and Structure Seriously: Reflections on Free-Forn Method in Constitutional Interpretation*, 108 Harv. L. Rev. 1221, 1297, n. 247 (1995).

〔23〕 当然我对此并不相信。法律评论文章唯一引用第十四修正案前的权威证明，我们的祖先主张逆喻而非我们所赞同的相反论证——即下面案件的描述，参见 *Murray's Lessee v. Hoboken Land & Improvement Co.*，一个1855年涉及搜查财产时程序合宪性的案件，未经审理，以收回所欠政府债务：“（正当程序条款）是对立法机关也是对政府的行政和司法权力的限制，而不能被理解为由国会仅仅按其意志去创立任何‘正当程序法’。”59 U.S.（18 How.）272, 276（emphasis added）. 在我看来，德雷德诉桑福德案（Dred Scott v. Sandford）是第一个也是唯一的一个最高法院运用正当程序在第十四修正案之前作出的判决，并且没有人会认为该案的审理美国人都能接受。

仅因为我们今天希望尽量避免使用与当时的表述含义相反的词汇，而不受约束地将那种含义抛弃。

格兰顿教授

我对格兰顿教授的精彩评论基本赞同，除了［对于那些熟悉影片《年轻的弗莱肯斯泰因》（*Young Frankenstein*）的人们来说］她未能遵循费德曼－怀尔德（Feldman-Wilder）的“行为”路线。她指出，在处理本身存在不一致的成文法时，难以贯彻一种统一的成文法解释理论，因为现代规范性立法是“粗率妥协的”而非“细致起草的法典”。那无疑是正确的。不过，我要强调的是，越是困难，越彰显其重要性。作为现代立法结果的相关法律越是零星和疏
143 漏，从整体上发挥司法的功能进行解释越为关键，这种发挥只能通过合法的解释技巧的运用从原则上予以实现。

我将不会和格兰顿教授争论下面的问题：多数人的暴政还是少数人的暴政更可能是目前盛行的宪法解释理论的结果。她认为是后者。我想从短期来看是这样子（我们现在就是这样），不过最终是前者。也许我高估了我们的制度

按照这样的分析思路就会完全清楚，1791 年被广泛适
用的死刑并不违反第八修正案的抽象道德原则。因此，当
德沃金教授说我为了证明死刑的合宪性而引用的原文证据
（就是权利法案有几部分明确提及死刑）对我而言是“不
相关的”时，他基本上是正确的。如果他用的词是“多余
的”，他就完全正确了。尽管并不需要（如我的理论表明
的），但原文证据的确可以证明同样的观点，我援引原文证 145
据仅仅是为了证明，无论是原文还是理论都无法使深入的
宪法进化论者（constitutional evolutionaists）止步不前。

不过，德沃金教授关注的是我在宪法原文上的理由（textual point），并试图证明它是错误的。他声称，就如同从一部禁止捕猎“濒危物种”的法律中规定了关于猎貂许可证的条款并不能证实貂永远不能取得“濒危物种”的被保护地位一样，在宪法中规定关于死刑的条款并不能证实死刑就不被视为构成第八修正案所称的“残忍”。首先，这部法律设计奇特。它只是禁止捕猎“濒危物种”，而没有授权某些机构及时调整什么物种是濒危的。我对这部法律没有德沃金教授了解：它是否被解释为包含了一个可裁量的内容；如果的确如此的话，被捕猎许可证授权可以捕杀的貂是否能被这个可变的内容吸收。不过，如果这个例

子的确包含了上面假设的内容，那也只是因为：与“酷刑”这个概念不同，“濒危物种”这个概念中显然附加了一个可以随时代而改变的类别的含义。我们都知道，动物种群数量起伏不定，因此即使那些貂在法律通过的时候是“未濒危的”而且被允许捕杀，认为它们将来有可能进入“濒危物种”的保护范围，看来也是有道理的。但是我们大多数人认为，“道德原则”与动物种群数量不同，它是恒久不变的。1791 年时的美国人无疑觉得残忍的终究是残忍的，而不会理会将来更冷酷的一代人对此问题会怎么想。深深植入权利法案的是那个时代的美国人自己的道德价值，否则，权利法案中的普遍和抽象性规定都将会被置于虚无的境地。所以，一部宣布了“禁止酷刑”的道德原则的宪法中有关于死刑的条款，这本身就是证明死刑（按照该宪
146 法的道德观点）并不残忍的确凿证据。

德沃金教授声称，我用来反对权利法案含义的进化论观点的三个论据与我“语义上的意图”的解释方法不一致。我不同意他的这个说法。我的第一个论据是从具体条款毋庸置疑地“具有时间性”可得出更抽象的条款也具有时间性。这个论据并非如德沃金教授声称的那样是“对制定者的预期的推测”，而是通过上下文推测语义（“语义上

的意图”）的一般性运用。实际上，这只是对欲寻词句含义应依据上下文（noscitur ex sociis）这一解释原则的应用，我在被评论的演讲中讨论过这个原则。第二个论据仍然是依据上下文。如果上下文表明被讨论的这份文件的目的是保证某些特定的权利，那么就可以转而得出结论：不能合理地认为时间的流逝可以改变这些权利的内容。第三个论据是最终负责决定法定权利的内容的人（法官），不大可能是道德感不断变化的社会群体代表，而更可能是具体法律的传统解释者。这个论据也是基于上下文，即已经假定（给定的）了司法审查蕴含在宪法的结构中。当然，像德沃金教授与却伯教授所表明的，如果权利法案被设定为被法院用来反驳立法者，那么我的论据就无力论证我的解释模式，转而成为针对进化论者总体上不一致的一个论据：考虑到他们对权利法案秉持的信念，为什么他们期望法官成为权利法案最终的解释者呢？

至于德沃金教授认为，因为“对于言论自由权没有普遍可接受的理解”，所以第一修正案不可能是“具有时间性的”。我想在主要问题上，达成共识是可能的。即便共识不存在，与其将一个关于“言论自由”的模糊道德概念通过立法来解决，不如通过司法途径来解决（这是法律通行 147

的做法）。对一个社会保证“你们现在所享有的言论自由（无论它包括什么）决不会被联邦政府所削减”是非常有意义的，而下面的保证意义就非常小：“联邦政府会尊重言论自由的道德原则，这个原则给予你们的言论自由可能比你们现在享有的更多，也可能更少。”

德沃金教授还批评了我关于第十四修正案的论述。我想在此过程中他混淆了两个问题。首先，他引用了我下面的论述：平等保护条款“在它被批准的时候——因而在 1920 年的时候也同样——并不保证平等选举的权利，而是既允许基于年龄的差别对待，也允许基于财产和性别的差别对待”。然后，德沃金教授问道：“为什么他那么确信平等保护条款并不总是在年龄、财产或性别（或者性取向）领域禁止歧视？……如果我们看原文……我们找不到差别对待……”然而，实际上在投票权的发展（这是我所引用的论述主题）方面，第十四修正案原文非常清楚地表明平等保护并不意味着（至少是）在年龄和性别基础上的平等投票权。第十四修正案第二款规定了如果一州排斥“年满 21 周岁，并且是合众国公民的任何男性居民”参加选举，该州在国会的代表将被减少。不过，对于平等保护条款的一般适用（这是德沃金教授继续评论的），他完全误解了我的观点。我当然不认为平等保护条款允许基于年龄、财产、性别、“性取向”，或者甚至蓝眼睛或者鼻环基础上的歧视。在所有这些领域内拒绝给予平等保护都是不能接受的。但是什么构成了拒绝给予平等保护的问题仍未解决。在公共建筑内将两性的卫生间分隔开或者不允许女性参加战斗，是否构成了拒绝给予基于性别的平等保护呢？我不
知道德沃金教授将如何回答这个问题，而我将在 1868 年的 148
平等保护“具有时间性”的意义上回答这个问题。男女共用卫生间和女性突击部队的时代也许会到来，那时当然可以通过立法对此予以规定，但是拒绝这样做并不违反第十四修正案，因为它们从不是“法律平等保护”的内涵。

最后，我认为，从长远来看，对宪法的“道德解读”最终会减损个人权利，而德沃金教授没有理会我的这一担忧。“历史否认了这一点”，他说，因为“人们似乎满意于既对宪法作道德解读，又对宪法进行个体主义的解读”。其实没有多少历史依据可循。据我观察，进化论的宪法理论主导法院的时间只有四十年左右，而人们认为宪法意味着任何它应该具有的含义是更近期的事。诚然，“个人权利”也在最高法院获得过显著的胜利。但是德沃金教授是否观察到了：法院所偏爱的“个人权利”日益趋向于与立法中

的占多数的人所偏爱的“个人权利”一致？例如女性权利、少数族裔权利、同性恋权利、堕胎的权利、反对政治特权的权利？沃伦法院那个辉煌的时代一去不复返了，在那个时期，法官们知道宪法意味着任何它应当具有的含义，而人们并未理解这场新的运动（并且相应地来选择他们的法官）。正是在那些日子里，真正不受欢迎的少数人的新权利被创造出来。著名的例子如刑事被告人和囚犯的权利。公众天真的时代过去了，对于保护不受大多数人欢迎的个
149 人权利而言，我想，征途依然还很漫长。

索　引*

---

* 页码系英文原版图书的页码。

致 谢

在本书翻译过程中，温珍奎、杨晓锋、倪东风、蔡峻峰、周维明诸位博士提供了很多的帮助。译稿由耶鲁大学法学院副教授张泰苏博士校稿，并撰写了中文导读。本书责任编辑王佩琳和匿名审稿人的敬业精神令人印象深刻。在此谨向诸位师友一并致谢。

二〇一七年一月

著作权合同登记号　图字：01－2016－5417
图书在版编目（CIP）数据

联邦法院如何解释法律／（美）安东宁·斯卡利亚（Antonin Scalia）著；蒋惠岭，黄斌译．—北京：中国法制出版社，2017.3
书名原文：A Matter of Interpretation：Federal Courts and the Law
ISBN 978－7－5093－6709－4

Ⅰ．①联…　Ⅱ．①安…②蒋…③黄…　Ⅲ．①法律－研究－美国　Ⅳ．①D971.2

中国版本图书馆CIP数据核字（2017）第058695号

A MATTER OF INTERPRETATION：FEDERAL COURTS AND THE LAW
by Antonin Scalia
Copyright © 1997 by Princeton University Press
Simplified Chinese translation copyright © 2017 by China Legal Publishing House

责任编辑　王佩琳　　　　封面设计　李　宁

联邦法院如何解释法律
A Matter of Interpretation：Federal Courts and the Law

著者／（美）安东宁·斯卡利亚（Antonin Scalia）
译者／蒋惠岭，黄斌
经销／新华书店
印刷／三河市紫恒印装有限公司
开本／787毫米×1092毫米　32开　　　　印张／8.25　字数／130千
版次／2017年4月第1版　　　　2017年4月第1次印刷

中国法制出版社出版
书号ISBN 978－7－5093－6709－4　　　　定价：36.00元
北京西单横二条2号　　　　值班电话：010－66026508
邮政编码100031　　　　传真：010－66031119
网址：http：//www.zgfzs.com　　　　**编辑部电话：010－66038139**
市场营销部电话：010－66033393　　　　**邮购部电话：010－66033288**

（如有印装质量问题，请与本社编务印务管理部联系调换。电话：010－66032926）